卡住你的不是懶惰 是情緒

李東龜、孫何林
金書瑛、李娜熙、吳玹周 著
幕生 譯

跟著韓國最強心理研究團隊找到自己的拖延分類圖，
和你的恐懼與焦慮和解，每一件事都能順利完成！

나는 왜 꾸물거릴까?

在辦公室坐定後，你打開今天的 TO DO 清單，
某件必須要做的待辦事項跳入眼中。
雖然知道這件事情很急，但你現在就是不想處理。
這時候你內心的想法是……

3

這件事情又不是我自己想做的，煩死了，先丟著不管啦。

▼

抗拒現狀型

（請見 P.7）

4

我希望能把這件事情做到最好，結果弄得自己壓力好大，老在檢查哪邊還有問題。

▼

完美主義型

（請見 P.8）

5

做了幾天就覺得好無聊，懶得做了。而且，總是有其他更重要的事情等著我去處理。

刺激尋求型

（請見 P.9）

一張圖，帶你快篩自己可能屬於哪種拖延病患者！

1

沒什麼好著急的，反正我一下子就能做完了啦。

▼

盲目樂觀型

（請見 P.5）

2

我不知道為什麼自己老是拖拖拉拉的，不去做該做的事情。更可怕的是，就算心裡覺得這樣很糟，我還是沒有動力去做。

▼

自我責備型

（請見 P.6）

五大拖延病類型總覽，帶你速查症狀和解方！

做完快篩，你確診拖延病了嗎？別擔心！延世大學心理團隊整理了拖延病的症狀和解方，幫你找出自救的最好方式，今天起就和拖延病說再見！

拖延病類型❶盲目樂觀型

常常錯估工作複雜度，拖到最後才發現很麻煩

「明天再開始好像也來得及？」

常見發病時機：計畫階段、持續階段

症狀

1. 莫名有「到時候肯定有辦法完成任務」的自信。
2. 談論計畫時，常常說「或許」、「可能」。
3. 一開始預估的計畫完成時間與實際花費的時間差距很大（通常實際花費的時間更長）。

解方

1. 事先確認工作全貌，避免錯估任務完成所需時間。
2. 不要說「或許」、「可能」，用肯定的語氣進行自我對話，促使行動。
3. 做「錯題筆記」，具體比較任務完成的預測時間和實際完成時間，有效縮短預測和實際的落差。

——詳情請看第2章

拖延病類型❷自我責備型

提不起幹勁，老在責怪自己拖拖拉拉

「一再拖延的我，這輩子沒救了吧？」

常見發病時機：行動階段、持續階段、完成階段

症狀

1. 對拖延的自己感到失望，經常嚴厲責怪自己。
2. 經常有「我什麼都做不好，我好沒用」的想法。
3. 因為心情沮喪而再度拖延。

解方

1. 停止自我責備。
2. 覺察自己「迎合他人正向反應」的習慣，正視內心真正想做的事。
3. 罪惡感是檢視行為與核心價值觀不一致時，才會產生罪惡感。因此要留意罪惡感的來源，釐清自我真實的價值觀。

——詳情請看第3章

拖延病類型❸抗拒現狀型

面對不想做的工作，只想滑手機摸魚，逃避面對

「我知道這件事很急，但我就是沒心情去做！」

常見發病時機：計畫階段、行動階段

症狀

1. 有叛逆心理，不符合自己風格的事就不做。
2. 決定拖延的當下，感覺自己暫時對這件事有了掌控感。
3. 經常為拖延找藉口。

解方

1. 運用調節負面情緒的三步驟：覺察、接納、轉換，釋放自己的情緒。
2. 冷靜釐清內心真正期盼的改變後，嘗試在可能的範圍內做出改變。
3. 用書寫的方式，將當下的感受如實寫下，幫助自己釋放情緒。

——詳情請看第4章

拖延病類型❹完美主義型

總怕別人不滿意而一再調整，導致事情做不完

「雖然認真做了……但要是搞砸了怎麼辦？」

常見發病時機：行動階段、完成階段

症狀

1. 常常同時擁有「想盡量做好」與「失敗的話怎麼辦？」這兩種想法。
2. 試圖掌握自己無法控制的部分（例：同事的行為、偶然的情況）而備感壓力。
3. 因為擔心他人想法，所以做事進度緩慢。

解方

1. 拋開「做好所有細節」的想法，客觀決定任務的優先順序，並根據實際狀況分配可利用資源。
2. 釐清究竟要將重心放在「避免失敗」還是「做出優秀成果」，才能專注在目標上。
3. 拋開別人期望的「必須做到」，改成把目標放在「我想做到」。

——詳情請看第5章

拖延病類型❺刺激尋求型

三分鐘熱度難以延續，很快就失去耐心，半途而廢

「如果這件事夠有趣，我才不會拖延！」

常見發病時機：持續階段

症狀

1. 總是滿懷希望地開始行動，但一旦失去興趣就會很快放棄。
2. 如果沒有快速得到成果就會容易厭倦，轉而尋找其他好奇的新事物。
3. 在嘗試與放棄之間游移不定。

解方

1. 理解成長是一條S曲線，當開始厭倦時，要提醒自己：該有意識地堅持下去了。
2. 時刻提醒自己：我想成為什麼樣的人？我的時間非常寶貴，我想如何利用它？我做這件事有什麼意義？
3. 當你感受不到樂趣時，先試著找找計畫中有沒有可以追求的其他樂趣。

——詳情請看第6章

目次

第2章

拖延病類型一：盲目樂觀

第3章

拖延病類型二：自我責備

第4章

拖延病類型三：抗拒現狀

第5章 拖延病類型四：完美主義

第6章

拖延病類型五：刺激尋求

前言
拖延並非懶惰，而是一種需要改變的習慣

你有過這種令人備受煎熬的經驗嗎？眼看著時間一分一秒地流逝，截止日期近在眼前，自己卻仍一事無成；明明知道必須去做，卻還是忍不住拖延，心裡也隨之焦躁起來。如果說，我們之所以會感到煎熬，是因為沒有按時完成該做的事，那既然如此，人們為什麼會拖延該做的事呢？

本書出版的用意正是為了帶領讀者探悉「我們拖延的原因」。我身為本書的代表作者，同時也是一名心理學學者，二十多年來出入各種場合，進行了許多相關研究、演講與心理諮商。我在大學任教時，每個學期都會要求學生交報告。通常，我會在學

期初就向學生傳達這項任務，並要求他們最晚要在學期最後一天的零點前，上傳檔案至作業平台，一旦過了零點就不能再繳交，成績也將以零分計算。

那麼，學生們通常都在哪天交報告呢？學期的最後一天。三分之一的學生會在時間截止前的十分鐘，也就是晚上的十一點五十分開始陸續上傳。沒關係，反正還有十分鐘才到零點，我這麼想著。但在這群學生中，又有三分之一的人會在十一點五十七分才上傳。不過，也沒關係，我想，畢竟還有三分鐘的空檔。然而，其中還有三分之一的學生會在截止前的一分鐘，也就是十一點五十九分上傳。好險啊，差點就遲交了，為什麼要這麼冒險呢？我不禁替他們捏一把冷汗，並猜想，他們是完美主義者嗎？但並非如此，在十一點五十九分繳交的報告中，有不少明顯的錯字，完成度也差強人意。

儘管如此，還有比上述情況更讓人意外的學生。因為錯過零點的繳交期限，於是，他們私下寫了一封冗長的E-mail說明自己為何遲交，並將檔案附於其中，一併寄給我。有人說，他明明在十一點五十九分時按下了送出鍵，但螢幕上突然出現了一個沙漏圖示，讓他動也動不了；還有人說，他的螢幕忽然變成藍色，接著彈出「致命錯誤」（fatal error）的警告訊息後，電腦就當機了。

為什麼會這樣呢？學生們足足有三個月以上的時間可以準備，我在學期中也不斷地提醒要記得繳交報告，為什麼還是會有這樣的狀況出現？有的人會說，是因為他們的時間管理能力很差，所以才會如此；有的人則是覺得，他們是因為想把報告做得完美無缺、不願漏掉一點細節，所以才跟不上進度。那麼，事實果真如此嗎？這本書將帶領讀者更深刻地瞭解人之所以拖延的原因，以及底層的心理機制。

我們經常可以聽見拖延的人說自己「很懶」，也經常能發現，他們只要錯過一次截止時間，就會變得畏畏縮縮，然後痛定思痛、下定決心：下次一定會早點開始，絕對不會拖到最後。但這就是問題所在。如同喝酒喝到胃痛的人即使下了決心要戒酒，下一次卻依然在酒桌上喝得忘我一樣，會拖延的人下次還是會拖延，改變計畫宣告失敗！

在這裡，可以確定的一件事就是：拖延行為並非一次性的現象。「拖延」是習慣。習慣一旦養成，就會形成「快捷鍵」，提高觸發類似行為的可能性，而反覆失敗帶來的挫敗感也會引發憂鬱及活力減退。若無法瞭解引起拖延行為的心理機制與相應的對策，就難以避免拖延習慣反覆出現的情況。

市面上有許多自我成長的書籍能夠告訴我們「如何克服拖延」的技巧，比如說，縝密規劃你的時間；運用一套專注二十五分鐘後休息五分鐘的工作模式；減少預計作業時間與實際花費時間之間的差距；以十五分鐘為一個單位分解該做的工作，並聚焦在行動上；創造一個讓自己能夠立刻開始行動的咒語等等，我們周遭有太多有用的建議可以參考了。

而自我管理這件事，也適用於「貧者越貧，富者越富」的道理。越擅長管理自己的人，越容易利用這些策略得到更好的效果；而不擅長管理自己的人，經常是三天打魚、兩天曬網，成果自然也不會好更令人遺憾的是，「我做什麼都成功不了」的念頭也會逐漸加深。如果不瞭解拖延的原因，就急急忙忙地展開行動，短時間或許可以看見成效，但長期下來，不僅很難堅持，也無法造成根本上的改變，到時又要重新尋找其他「有效的」方法。這本書正是為此存在的。

這本書想做到的，有以下幾點：**第一**，消除因拖延行為而產生的負面印象。拖延的人常常會給自己貼上「懶惰」的標籤，然而並不是這樣的，拖延的人只是太想把事情做好而已。正因為太想做好，所以耗費許多心力，導致要開始行動或將事情收尾時就更加困難，這也是本書以更加中立的詞語「拖延」來代替「混水摸魚」、「拖拖拉拉」的用意。

第二，本書將著重在「說明拖延的原因（why）」，如果想要知道「克服拖延的方法（how）」，還請參考其他書籍。再次強調，如果不充分瞭解自己拖延的原因，只一味抓著行動上的策略不放，反覆失敗的可能性是很高的。因此，像「該如何如何才能解決拖延」這類的建議，本書並不會談及很多。

第三，比起對深受拖延所擾的人給予安慰或單純地感同身受，這本書更傾向於提供和拖延原因相關的認知與理解，以及試圖藉此機會，與讀者探討更理想的思考角度。

本書除了前言與結語外，共有六個章節。在第一章中，作者團隊討論了「人為什麼會拖延？」的問題，建議讀者可以先從這章看起。第二章到第六章則是探討影響拖延發生的五種類型，以及這些類型如何導致拖延行為。為了整體的易讀性，相關的參考文獻將會在內文以數字標註，並在書末統一列出。而第二章至第六章，先閱讀哪一章都可以，以各位讀者們的需求為優先即可。

本書由延世大學心理諮商所專攻拖延與諮商相關領域的五位學者齊心協力，投入將近三年的時間，參考了許多文獻、經過不斷的討論與修改，才撰寫而成。對我而言，這段一起煩惱、努力過的時間非常珍貴。此外，特別感謝林賢宇教授為本書前半部分提供許多有用的建議，同時也謝謝在撰稿初期詳細給予原稿心得回饋的五位讀者，以及，感謝讓這本書能夠出版的 Book21 的金英坤社長、鄭智恩理事長、楊恩寧組長與徐振喬編輯。

當我們讀完這本書，並真正瞭解自己為何拖延後，我們就會明白一個既平凡又真實的道理：每一刻的我們，都只能專注在一件事上。期許這本書可以幫助所有受拖延所擾的人、以及和這些人共事的人，讓他們對拖延的原因有新的理解，也希望他們的人生能夠跨過「拖延」這道難關，並從中得到成就感與喜悅，這也是寫下這本書的我們所衷心期盼的。

二〇二三年十一月

作者代表　李東龜

第 1 章

人為什麼會拖延？

想要拖延，是情緒調節出問題的訊號

拖延有一個前提，就是「有必須完成的事」。心理學將「推遲要做的事」稱為「拖延」，而學術界則稱之為「延宕行為（procrastination）」[1]。拖延是一種情緒與行動相互僵持的狀態。我們拖延時常會說：「我知道現在必須要做這件事，但我就是不想做。」也就是說，我們雖然知道行動的必要性，但妨礙行動的情緒與想法正在激烈反抗使我們停滯。

在學校或職場中，我們經常會遇到定期要完成的任務，像是工作報告、文件繳交、進修訓練等。起初做這些任務會有些生疏，但做過幾次後慢慢就能上手，既然這些任務已經是可預期的，是不是可以提前完成呢？然而，我們通常不會這麼做，反而會盡可能拖到截止時間逼近、不得不做時才匆忙開始，把自己弄得手忙腳亂、筋疲力盡，直到最後才驚覺：「為什麼我這麼忙，其他人看起來卻那麼輕鬆？」

在這種時候，人們通常將自己的拖延歸因於時間管理失敗，因此，人們會動員一切有效的時間管理方法，試圖找回自己的時間，像是用手機下載管理時間的APP、列出每日待辦事項、寫日記等等。但我們最終會發現，無論使用哪種工具，都無法輕易救回被生活推著走的自己。當我們付出努力卻仍舊無法解決拖延時，就代表拖延其實另有原因。

拖延並不是時間管理的問題，而是情緒調節上的問題。德國波鴻魯爾大學爾漢・根克（Erhan Genç）教授的研究團隊提出與此相關的研究結果[2]。這個結果很有趣，他們對有拖延習慣的人進行了大腦影像的分析，發現他們腦內參與情緒調節的「杏仁核」（amygdala），比不拖延的人更大，而負責情緒調節與理性判斷的區域——「背側前扣帶迴皮質」（Dorsal Anterior Cingulate Cortex，DACC），反應則更慢。杏仁核的活化會引發交感神經亢奮與激素分泌等身體反應，當杏仁核較大時，這些功能就會過度活躍，進而干擾背側前扣帶迴皮質的機能。

在調節情緒上，大腦的杏仁核與背側前扣帶迴皮質的連接至關重要。當杏仁核將訊息傳遞至背側前扣帶迴皮質後，杏仁核會再次發出訊號，指示身體做出必要的反應來調節情緒或痛感。例如，杏仁核較大的人在面對不熟悉的任務時，可能會感受到更強烈的不安，但因為背側前扣帶迴皮質與杏仁核的連結較弱，導致不安調節的程度不足，使得他們在開始行動前會猶豫或是拖延。

許多人會認為拖延是生性懶惰的表現，尤其在重視「勤勉誠實」的韓國社會中，拖延很容易被指責為懶惰。然而，拖延並不是與生俱來的特質或性格，而是一種因「情緒僵持狀態」而導致的行為結果。

所謂性格，是指一個人在各種情況下都會表現出的，持續且具一致性的行為模式。[3]但拖延不同。雖然人們會拖延課業或工作，但不會拖延自己喜歡的休閒活動；雖然寫報告會拖延，但休息時間不會拖延。如果說拖延是天生的性格，那無論是課業、工作還是休息，都應該拖延才對。但實際上，拖延取決於任務的特性和情況。因此，與其說拖延是性格本身，不如說，拖延是內心處於矛盾狀態的外在表現，這樣更具有說服力。

讓人陷入「我遲早會做，但現在就是不想做」這種拖延狀態的根本原因在於「矛盾心態」（ambivalence）[4、5]。矛盾心態是指兩種心情相互對立、彼此共存的狀態。人們會有很多想做的事，但也會有「很多」不想做的理由：

怕自己做不好那件事。

怕自己能力不足。

怕別人不配合。

怕自己沒做好，會被別人批評。

怕被工作綁住，沒時間玩樂。

就是單純不想做。

這樣的理由有千百萬種。當人陷入矛盾心態而開始拖延，最後要火燒眉毛了，才會因為「這樣下去真的要完蛋」的危機感而不得不打破拖延狀態。在急迫與不安中匆忙完成任務，並不會讓人得到成就感，只會為逃過一劫而鬆一口氣，有時甚至還會錯過截止時間，並為此懊悔不已。而在如此身心俱疲之後，即便決定下次一定不會再犯，拖延的行為卻還是會反覆出現。

那麼，我們究竟為什麼會拖延呢？當「為什麼（why）」這個問題在你的心中浮現，就代表你的改變之旅要展開了。此時的「為什麼」並不是在指責你「為什麼會這麼懶惰」，如果你完全沒有改變的念頭，這個問題就不會在心中萌芽，對「我為什麼會一直出現拖延行為」感到好奇，這件事本身就已經是一個重要的進展。那麼，我們什麼時候會拖延？又為什麼會拖延呢？

盤點拖延發生的四個時機

將「拖延」說得嚴重一點，可以說是「我在做某件事時失敗了」。因為自己雖然有明確的行動意願，但沒能付諸實行，所以最終還是無法達成目標。由於拖延是發生在「處理事情」的過程中，因此必須將這一過程與拖延聯繫起來。關於人處理事情的過程，美國紐約大學的心理學家彼得．戈爾維策（Peter Gollwitzer）提出行動階段模型（Model of Action Phases）[6]。二〇二二年，首爾大學的研究團隊以這個模型為基礎，特別調查了韓國人在處理事情的過程中會如何拖延。

研究結果顯示，「人處理事情的過程」主要有四個拖延階段，加上自我評估，共有五個階段。我們通常會覺得，自己的拖延行為涵蓋了整個做事過程，但實際上，每

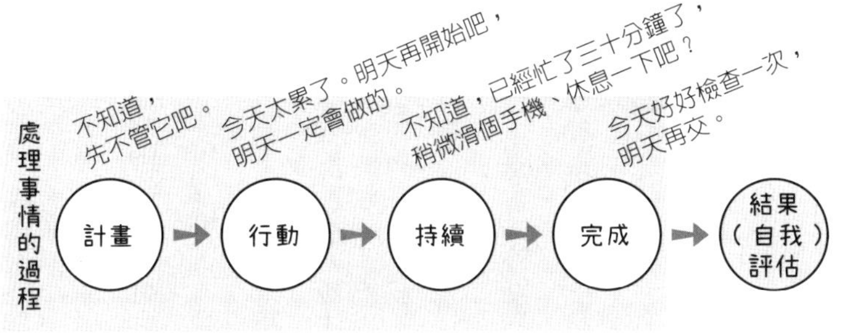

處理事情的階段（拖延版）

個人陷入拖延困境的階段都不太一樣。例如，有些人計畫做得很好，卻難以展開行動；有些人計畫與行動都進行得很順利，但因為耐力不足，無法堅持到最後。於是，我們可以先問問自己：我是在哪個階段拖延呢？

首先是「計畫拖延」。計畫是處理事情的第一個階段，「計畫拖延」是在一開始，就因為焦慮或各種負面想法而拖延「制定計畫」這件事。焦慮理應會促使人們趕快開始行動，但事實上，伴隨焦慮而來的反應是「逃避」，因此人們經常會因為焦慮而逃避、拖延[7]。對此，首爾大學許孝善博士列舉出一些能夠判斷自身是否為計畫拖延類型的描述[8]，例如「當有該做的事出現時，我會先放在一邊，等之後再說」，是不是很熟悉？像這樣拖延制定計畫，使事情處於不定期的等待狀態，就是「計畫拖延」。

第二個階段是「行動拖延」。雖然已經做好計畫，卻在「行動」時，也就是執行計畫的階段拖延了。處於這個階段時，我們清楚知道該做什麼，但就是無法開始行動。在研究內容中，符合此階段拖延困境的描述包括「即使下定決心要更早一點開始，卻總是拖到最後才行動」。而當計畫與行動脫節，辛辛苦苦制定好的計畫也就只能白費。

第三個階段為「持續拖延」。所謂持續拖延，是指好不容易開始行動，卻中途分心去做別的事或直接放棄計畫。假如今天的你掉入「持續拖延」的陷阱，你會分心到最後一刻，卻仍舊回頭倉促完成任務；還是乾脆放棄、將錯就錯，朝著分心的路一去不復返？例如，身為上班族，因為不可能不工作，哪怕結果粗製濫造都一定要做完，所以即便中途分心了，最終都會完成手上的任務；而學生如果在意學分，無論如何都會在期限內繳交作業，但也會有人直接選擇放棄不交。

第四個階段則是「完成拖延」。比如報告就快寫完了，卻莫名覺得哪裡不夠好，抱著有點可惜的心情，老是想「再加一點」，導致自己一直沒辦法完成，結果無法按時交出報告。在研究內容中，符合此階段拖延困境的敘述包括「即使是可以很快完成的任務，也會莫名其妙地拖延到最後」。

像這樣，在處理事情的過程中，拖延行為可能會出現在這四個階段。但還沒完，最後還有一個階段，就是「評估」——評估自己的拖延行為。拖延的人通常會反思自己的行為，並因此感到後悔，他們會發現拖延並不能讓他們得到滿意的成果，還會導致自己不堪重負。這時，他們也才會意識到拖延是一個問題，並生出「我真的必須要改變了」的念頭，但若是在感受到這份必要性後卻依然沒有發生任何變化，這種長期的拖延最終將會導致憂鬱及無力感出現。

佛蘿倫絲・南丁格爾（Florence Nightingale）曾對她的同事說過這樣的話：

「患者與健康的人有什麼區別？患者是不是經常躺著，而健康的人可以用雙腳走路？是的，兩者之間的區別就在於『行走』。患者難以行走，而健康的人能夠行走，也就是說，無法持續行走的人就是生病的人，這也表示，在人生中停止前進的人，他的人生也生病了，即使是因爲沒有時間或金錢而暫時停下腳步，也意味著那個人的人生正在受苦。」

長期的拖延與憂鬱及無力感有很大的關係[9]。當人不斷拖延任務，直到截止時間迫在眉睫才慌張焦急、後悔不已，如果又正好因為任務完成度不高而收到身邊人的負面評價，後悔便會蔓延成自責。更危險的是，失敗的經驗一旦累積，就會導致在接手任務時缺乏自信，從而陷入更加焦慮不安的惡性循環。一開始，我們即使因為經驗不足而生疏，隨著做的次數增加、累積了一定的成果與經歷以後，也能掌握相關技巧。但拖延的悲劇性循環會破壞這個過程，使得自己的自信心逐漸降低，出現無力感。

美國著名爵士樂鋼琴家比爾・艾文斯（Bill Evans）曾提過，別人最常問他的問題之一是「我該繼續從事音樂嗎」。對此他感到很惋惜，許多音樂家總是不願付出努力去實際解決部分的小問題，反而把所有問題一股腦兒地混在一起，硬是要自己去面對一個複雜的大問題。

人無法做到所有事情，更別提將所有問題湊在一起。雖然這麼做看似可以抓住某些事物，但實際上，這只會讓自己更混亂，並深陷於困境中難以自拔而已。人在某個程度、某個階段都有必須要做的事，也沒有任何學習心理學的理論會要我們一口氣、快速地做好所有事情。艾文斯認為，在當前階段踏實、精確並真誠地完成手上的任務，才是最重要的。

那麼，確切來說，我們會在哪個階段拖延呢？如果瞭解是哪些小問題導致自己停滯不前，就能想到實際的解決方案，並得到推進行動的動力。不妨問問自己：我的哪些特質正在妨礙我行動的意願？接下來就讓我們來逐一分析，拖延行為究竟是如何被觸發的。

該做但不想做的矛盾情緒，是拖延的起因

人們通常都很清楚「我正在拖延」，卻對拖延時的自我內心不太瞭解，雖然有些零碎的想法或情緒會一閃而過，但並不明確，只是隱約有個感覺。因此，在「連我都

不懂我自己」的狀態中，就會生出困惑：為什麼我總是會拖延？

我們在拖延時，內在衝突會產生，但表面處於停滯狀態。通常，當我們有某些事需要完成時，如果心裡沒有罣礙，就會毫不猶豫地去做；如果手上這件事沒有做的必要，那我們也能夠果斷決定不去做。然而，有時候會根據特定情況或個人特質，同時出現「該做但不想做」的複雜情緒，內心也因此展開了衝突。這種互不退讓的衝突狀態就是「矛盾心態」，而拖延就是將「內在衝突」展現出來的外在行為，此時，我們的內心是嘈雜不已的。

既然如此，促使矛盾心態發生的因素有哪些呢？首先，周遭環境、事態情況可能有所影響，如工作本身的特性就是其中一個因素，越重要、越需要做好的工作，越容易讓人拖延。其次，工作的環境也會有很大的影響[10]。相同的工作，如果有人以壓迫性的態度交代任務，接收任務的人當然也很難愉快地去執行；一起共事的同事也相當重要，如果非得要與不配合的同事一起做事，在開始前就已經預想到之後的不愉快，那麼自然就不會想積極地去行動。

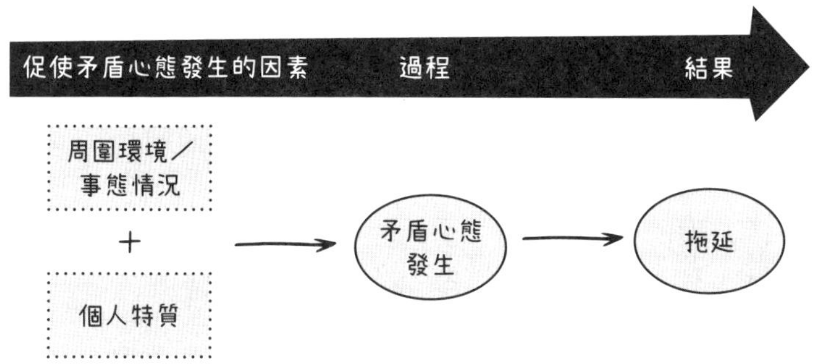

拖延發生的過程

從上圖可以看見，負面情況可能會引發矛盾心態。不過，並不是所有人都會陷入矛盾心態而拖延。人對外在環境的反應，很大程度取決於個人特質，常見的特質類型像是：盲目樂觀的人在判斷事情的輕重緩急時會過度樂觀；自我價值感低與習慣自我責備的人總是會覺得自己可有可無；對現實環境產生牴觸情緒的人，會因為感到不公和委屈，而缺乏做事的心情與意願；有完美主義傾向的人，想將任務做到實際上難以達到的超高水準；尋求刺激感的人，則容易因為對事物缺乏熱情、感到無趣而想要放棄等等。這些個人特質雖然對拖延有很大的影響，但由於一切都發生於內心之中，當事人若沒有特別去注意，是很難準確捕捉到的。

舉個例子，假設有一個完美主義傾向強烈的人，正在準備應徵國內頂尖企業的某個職位。一般來說，當人必須做某個任務時，他通常會選擇「趨近」或「逃避」，若這個人選擇趨近的話，他便會開始為「準備應徵資料」這個任務製作履歷、制定計畫，一步一步按照計畫行事，並不斷修正，直到完成目標；而他選擇逃避的話，則會果斷決定不去應徵。

然而，拖延行為往往就出現於趨近和逃避兩種動機同時存在之際。雖然想寫履歷，卻又產生逃避心理，用各種理由不去寫。像這樣相互矛盾的狀態，就是「想做」的趨近動機（approach motivation）與「不想做」的逃避動機（avoidance motivation）同時作用而產生的，此時內在感受到的衝突就是矛盾心態。

如果將矛盾心態換句話說，就是「同時想要又不想要某樣事物，而無法魚與熊掌兼得的情緒狀態」[11]。當拖延行為出現，內心既有「應該要做」的想法，又有「想要放棄」的念頭，兩者勢均力敵、不相上下。在一般情況下，想解決任務的想法會促使趨近動機產生，因此人會探索並計畫要如何完成任務。但出於某種原因，不想去做的心情會導致逃避動機出現，削弱趨近動機[12]。就像兩個絕對值相同的正負數相加後為零一樣，當兩股大小相同、方向卻相反的力量碰在一起，人就只能陷入僵局，無法朝任何一個方向前進。

內在衝突發生時，自然是不舒服的。矛盾心態本身就讓人備受煎熬，所以人會找藉口來解決這種內在衝突帶來的不適感。而之所以會說是藉口，是因為人通常會找「不需要去做」的理由，就像寓言故事《狐狸與葡萄》一樣，「就算做了這件事，結果也一定不怎麼樣」、「工作分配一點也不公平，讓我氣得不想做」等等，人們總是會找這些看似非常合理的藉口。

在心理學中，將這種「預設會失敗，所以提前找好藉口」的行為稱為「自我設限」（self-handicapping）。假設一個情況：有一個學生突然在考試前說自己肚子痛，所以才沒辦法好好準備考試。肚子痛有可能是真的，但也可能是為了讓別人覺得「這樣也情有可原」而找的藉口，這樣他就可以在考試結果不理想時，減少內心的不適感，並保護自尊心。

自我設限的策略之所以治標不治本，是因為無論藉口多麼合理，內在衝突都不會就此消失，再加上如果是選擇以「找藉口」的方式試圖解決內在衝突，而不是去面對真正該做的事，就等於剝奪了個人成長與發揮潛力的機會，這對自己更是一大傷害。

想解決拖延到底該怎麼做呢？如果我這樣回答：「立刻起身，走到書桌前坐下，打開電腦，再打開文書檔案，隨便記錄點東西就好。」如何？當然不行。假如這就是答案，便不會有這麼多人說著「這些我都知道，但就是做不到」這樣的話了。與其知道「該怎麼做」，更應該要確切瞭解自己「為什麼」會出現拖延行為，如果不瞭解這一點，就無法解決拖延行為背後的情緒困境。這也正是本書想探討的核心問題：你的拖延究竟從何產生？

退一步審視內心矛盾，才能真正做出改變

每個人都會害怕改變，此即「三分鐘熱度」的原因所在。即使是更換長期使用的物品也是如此，雖然抱著想更換的念頭到處做功課，但又怕換了之後會不習慣，於是猶豫不決。更換生活用品尚且如此，更何況是改變行為呢？

當然，你已經意識到改變的必要性了，你知道只有改變才能解決拖延問題，進而

擁有自己想要的生活。但理解方法和實際應用到生活中，是兩種不同程度的挑戰。

人會害怕改變，是因為不確定性。當人們嘗試改變，恐懼和懷疑就會接連而來，恐懼「如果嘗試失敗了怎麼辦」，懷疑「這麼做真的對嗎」，甚至會感到疑惑：我有這種不安感是正常的嗎？這些懷疑會動搖你的決定，使你瞻前顧後。我們必須解決這種不確定性因素才能夠成功改變，我們需要逐步解開自己對拖延的困惑，冷靜分析究竟問題出在哪，才能知道該如何解決拖延本身。

這本書會幫助你理解那些你曾隱約感知到的拖延原因，並以自我理解為基礎，讓你得以擺脫情緒困境，做出符合自身價值觀和目標的行動。簡單地說，這本書會讓你清楚明白自己為何會拖延。拖延的人常閃爍其詞：「我也不知道我為什麼會這樣。」但仔細觀察就會發現，這背後存在著矛盾心態、焦慮與負面想法。

通常，想要改善拖延的人會聚焦於「斷定情況、尋找原因、明確問題、矯正行為」這樣的過程，但如果沒有充分的自我理解，只是一味地專注在問題上，便很容易錯失可以展開改變的契機。

在改變的過程中，我們會不斷動搖、猶豫、在試錯中手忙腳亂，心也因此變得急躁，渴望快點進入下一個階段。然而，如果急於得到結果而強迫自己行動，很容易疲憊不堪。這是因為沒有真正理解和接納自己，只是盲目採用看似應該有效的方法，最終適得其反的緣故。

「改變」這條路並不輕鬆，也不舒服，所以我們才容易著急地想看見成果。在改變的過程中，有許多因素會妨礙我們，讓我們難以冷靜又聰明地行動，而時間壓力就是其中之一。我們會希望越快得到結果越好，但一旦操之過急，就會弄巧成拙，導致不得不放棄改變，甚至對自己徹底失望。

矛盾心態本身就是矛盾的，其中充斥著自我合理化與精神勝利法。要面對且承認自己想法不夠合理或行為不夠有建設性，是不容易的，這可能會讓人覺得羞愧或有傷自尊。雖然矛盾心態令人心煩，但其實在這種情緒中包含對改變的渴望。如果滿意現狀，沒有改變的想法，我們的內心就不會產生矛盾心態。

那麼，如果就此將拖延行為視為一種問題，並點出一些拖延的壞處，讓人意識到問題的嚴重性，再進一步提供行動指南，如何？這樣的方式反而會引人反感。我們應該後退幾步，和自己一起觀察自身的思維方式、情緒感受、與生俱來的性格與特質，並試著找出這些與拖延行為有何種關係，像確認地圖一般，藉此找出自己想去的地方。我們越是正視自己的內心世界，可以清晰識別出妨礙自己改變與不斷拖延的因素，並對「邁向改變」這件事有新的認識。

改變的念頭就藏在矛盾心態之中，因此矛盾心態其實是極好的燃料，哪怕念頭薄弱，只要稍微注入一點氧氣，就能點燃熊熊烈火。在將拖延認定為問題並聚焦於行為矯正之前，我們應該先探索的是，我這個人是什麼樣子、我的價值觀是如何、我想去的地方又是哪裡。當內心越是動搖慌張，代表我們離改變越近，此時越要給自己一些空間，冷靜地把握方向、確認障礙並重新制定策略，如此才能按照想法來行動。

雖然內心一定會急躁，但如果能夠保持對自己的好奇心，就可以減少改變過程中不必要的混亂。如果能夠正確理解自己為什麼會拖延，就不會輕易氣餒，甚至產生「我太廢了，我這種人就不該活著」的想法。透過瞭解自己、接受自己原本的樣貌，我們才能一步一步看見自己真正想實現的是什麼，彷彿得到一幅廣闊的地圖，終於知道自己想去的地方究竟在何處。

如果將想去的地方、想做的事稱為目標，接下來應該要大幅度地縮小範圍，具體決定要從哪裡開始改變，例如：我在處理事情的哪個階段會拖延、我主要會被自己的哪項個人特質影響等，這些問題的答案也與之環環相扣。

「接納並行動」的方式，是在諮商心理學領域最受關注的「實證為本心理治療」理論（evidence-supported）中，許多治療法都涉及到的核心方法，包含接納與承諾治療（acceptance and commitment therapy）[13]、動機式晤談（motivational interviewing）、正念認知治療（mindfulness-based cognitive therapy）[14]等，都有這個概念。接納，也就是接受自己這件事，並不是為拖延找藉口，也不是像以往常見的那樣，要翻出個人童年經歷找到某個原因，或緊抓著無法改變的過去不放。

接納，是要看見此時此刻的自己。過去的我做了什麼、別人對我做了什麼，都不重要。我們在某些情況下會拖延，不僅僅只是因為不想做而已，而是在面對重要任務時感到焦慮，所以才想逃避。拖延會暫時減少焦慮，但這只是一時的情緒化選擇，反覆拖延只會使人在截止日期逐漸逼近時變得更加坐立難安，進而累積更多痛苦。

另一方面，如果在面對內心焦慮時能稍微深呼吸，就可以爭取時間讓自己冷靜應對。嚴重的焦慮會促使心跳加速、手心冒汗、渾身發冷，即使是這樣，也請暫時忍受這些不適感，試著去理解自己的內心狀態吧。雖然被焦慮感淹沒很痛苦，但意識到自己正處於焦慮的狀態並暫時停下來給自己時間，便可以掌握對自己的主導權，專注在「此刻」的選擇與行動判斷上。

這本書不會提供「只要跟著這樣做就好」的行為指南，而是探討導致拖延的個人特質。大多數的人都知道許多「方法」，如怎樣養成好習慣、如何自我提升、運用早起時光的好處等等，但問題不在於方法的缺失，而是這些時間管理或行程規劃的資訊已經過於氾濫。要從無數的方法中篩選出適合自己的，首先得瞭解自己拖延的原因，如此才能找到有效且適合自己，並願意去做的方法。這些方法不一定對別人有用，卻一定對我有用。

當我們明確知道自己為何會拖延、瞭解自己想要什麼之後，就能做出取捨。

這本書將深入探討導致拖延行為發生的五種個人特質：盲目樂觀、自我貶低、抗拒現狀、完美主義、刺激尋求。需要強調的是，這五種個人特質並不是互斥的，一個人可以同時擁有多種特質。而即使是相同特質，不同人的程度也不盡相同，也可能有人處於灰色地帶。

透過清楚瞭解導致自己拖延的特質（可能不只一種），就可以在改變的過程中找到方向。不論是在擺脫拖延狀態時、安撫內心急躁時、還是在多個選擇面前分心時，我們都可以逐步拼湊出屬於「我」的人生拼圖，從此掌握改變的方向。

在接下來的五個章節中，我們將一起尋找以下三個問題的答案。

✔我為什麼會拖延？

✔該怎麼做才好？

✔現在的我可以有哪些選擇？

導致拖延行為發生的五種個人特質

盲目樂觀	自我責備	抗拒現狀	完美主義	刺激尋求
✔莫名有「到時候肯定有辦法完成任務」的自信。 ✔談論計畫時，常常說「或許」、「可能」。 ✔一開始預估的計畫完成時間與實際花費的時間差距很大（通常實際花費的時間更長）。	✔對拖延的自己感到失望，經常嚴厲責怪自己。 ✔經常有「我什麼都做不好，我好沒用」的想法。 ✔因為心情沮喪而再度拖延。	✔有叛逆心理，不符合自己風格的事就不做。 ✔決定拖延的當下，感覺自己暫時對這件事有了掌控感。 ✔經常為拖延找藉口。	✔常常同時擁有「想盡量做好」與「失敗的話怎麼辦」這兩種想法。 ✔試圖掌握自己無法控制的部分（例如同事的行為、偶然的情況）而備感壓力。 ✔因為擔心他人想法，所以做事進度緩慢。	✔總是滿懷希望地開始行動，但一旦失去興趣就會很快放棄。 ✔如果沒有快速得到成果就會容易厭倦，轉而尋找其他好奇的新事物。 ✔在嘗試與放棄之間游移不定。

第2章

拖延病類型一：盲目樂觀

能力不足的人，容易高估自己，

能力出眾的人，容易高估他人。

——大衛·鄧寧（David Dunning）、
賈斯汀·克魯格（Justin Kruger）

正向錯覺讓我們把情況想得太樂觀

「加上週末，還有三天時間呢，到時專心做肯定很快就可以完成！」

「才這點份量，稍微努力一下應該很快就可以做完。」

「不如先睡一下？感覺時間還夠，今天就再休息一天吧。」

雖然拖延時，我們通常會感受到壓力，並告訴自己「不可以再拖下去了」，但我們還是會盡量保持樂觀，試圖透過積極的態度來緩解拖延帶來的焦慮。因此，我們原先向自己承諾：「十個小時夠了，但明天一定要開始做。」然而，到了第二天，卻變成：「雖然是要開始沒錯……但五個小時應該就做得完了吧？不如先處理完別件事，這樣才能好好做這件事，所以十二點再開始吧。」等過了十二點：「既然已經晚了，就先吃飯吧，晚上開始的話，到凌晨兩、三點應該就可以搞定。」

當我們猶豫「做」還是「不做」時，大腦會處於一片混亂的狀態，這時一旦決定不做，我們的心裡反而會踏實下來。於是，我們一拖再拖，直到再也無法拖下去了，才不得不連忙熬夜趕工。如此驚險地完成任務後，我們告訴自己：「下次得早點開始行動。」然而，在重蹈覆轍一、兩次後，我們會發現：就算這樣拖，好像還是沒事嘛？

「這點事情很快就可以完成」這樣的想法，其實是心理健康的象徵。心理健康的人會盡量給予自己更正面的評價[1]。許多人會相信「我」這個人、「我」的能力以及未來比一般人更好，這就叫做「正向錯覺」（positive illusion），而帶有一點正向錯覺，是有助於心理健康的。

樂觀的人往往會比實際情況更正面地定義自己，他們的社會責任感較強，更願意關心他人[2]，也傾向於相信自己能夠突破自身限制發揮影響力[3]，進而勇敢迎接新的挑戰。而憂鬱的人則傾向於冷靜地判斷現狀，兩者形成了鮮明的對比[4]。

樂觀的人還會注意到對方的優點，所以他們的人際關係和諧，並能從中獲得安定感[5]，這樣的樂觀有助於適應與成長。心理學家塔利·夏洛（Tali Sharot）曾說「樂觀主義是進化的產物」，因為人在面對自然災害、傳染病、戰爭等不可預測的事件時，樂觀是必不可少的。

但在正向錯覺中，「盲目樂觀」（unrealistic optimism）需要特別注意。雖然說有一點正向錯覺是好事，但若是過度，會讓人們誤以為自己比他人更不容易經歷負面事件。這種沒來由的過度相信，反而有害無益。

適度樂觀可以讓人相信「自己雖然是第一次嘗試，但應該可以做好」，接著勇於挑戰；但如果過度樂觀，則會使人抱有不切實際的幻想，相信自己「無論如何」都能成功，而不用像其他人一樣付出相應的努力。

韓國上班族有一半以上的人認為自己工作能力出色[6]，其中有六六．三％的人覺得這是他們業務能力優秀的緣故。然而，企業評估優秀員工所占的比例僅有二〇％，此二者結果形成強烈對比。在企業高階管理層中，有九〇％的人評價自己的績效表現高於平均水準，而九〇％以上的一般員工也認為「我比其他人更有生產力」。非常一致地，大家都相信自己具備能力，且努力工作[7]。

那麼，再來看看大家如何評估自己的開車技術。在韓國，九〇％以上的人回答「我的開車技術在平均水準以上」[8]，他們強調自己已經超過十年都沒有發生過交通事故。但根據韓國警察廳的統計資料，韓國每年發生的交通事故總共超過二十萬件。像這樣，無視客觀的統計數字，堅信壞事不會發生在自己身上，就是一種過於以自我為中心的「錯覺」。

樂觀是一把雙面刃

錯覺會使拖延行為發生。在這裡，用「錯覺」這個詞是有理由的，首先，會產生錯覺，是因為主觀判斷與客觀判斷並不一致。例如，我們認為自己還算健康，所以就算推遲健康檢查，也不會因此得到嚴重的疾病。但若不幸真的降臨，現實當前，誰也無法改變。

再者，不可能所有人都處於平均水準以上。大多數因正向錯覺而拖延的人，都相信自己不會出很大的差錯，但其實很多事本來就不太會因為拖延而造成什麼重大的過失，並不是因為自己特別厲害。不僅如此，我們總是認為自己運氣好，這也是心理健康的象徵。可是一再拖延學習，獲得好成績的機率就會降低，分數也就難以保持在平均之上。

通常，人們對他人的事物較能保持客觀。比如說，當早上父母看見孩子拖拖拉拉，會忍不住為他感到著急。

「這樣下去會遲到的，今天下雨，路上可能會塞車。要吃早餐，頭腦才會清醒。今天要提早準備出門才行。」就在此時，孩子還說要在上學前買上課要用的東西，使得父母內心越來越焦急。

「你不早說，早上人會很多，時間會來不及。」

「快點把早餐吃完！把衣服穿好！書包整理好了嗎？真是的，上課要用的東西要早點準備啊……再給你五分鐘，我們要出門了，快點！」像這樣，人們對別人的事非常客觀，知道下雨天容易塞車、也知道上學時間前的文具店會人擠人。

反過來看，孩子卻若無其事，非常樂觀，他會這樣想：「雖然下雨了，但應該不會塞車；文具店可能有很多人，但應該很快就會輪到我結帳了，沒事的啦。」孩子今天依舊在正向錯覺中從容不迫，並且無法理解父母親的嘮叨，心想：「他們為什麼都要把事情想得這麼糟糕？」

正向思維很重要，因為樂觀可以激發動力。認為有好結果的想法，才會使人想要挑戰，而想要挑戰成功，就需要靠動力反覆嘗試。正向錯覺是有助於成長的，但同時也有副作用，過度的正向錯覺會變成曲解，導致自己產生「我不一樣，我一定沒問題」的盲目期待，這有時反而會成為成長的絆腳石。

正向錯覺讓我們過度依賴過往成功經驗

人拖延時是怎麼想的呢？雖然有點焦慮，但感覺應該沒關係，而且心裡也多少有點信心，認為自己可以在期限內完成所有事情。這種「沒來由地預測與自己有關的事會有好結果」的現象，叫做白日夢思維（wishful thinking）。白日夢思維並不是因為不成熟或缺乏邏輯而產生的，相較於其他人，有白日夢思維的人會覺得自己是可以在短時間內完成所有事情的幸運主角。那麼，白日夢思維究竟對拖延有什麼影響？

美國馬里蘭大學的心理學研究團隊將白日夢思維視為拖延的原因之一[9]。該研究團隊進行了一個巧妙的實驗，以證明白日夢思維對拖延有一定的影響力。

在實驗中，研究團隊將受試者分為兩組，請他們閱讀文章，並寫一份作業。第一

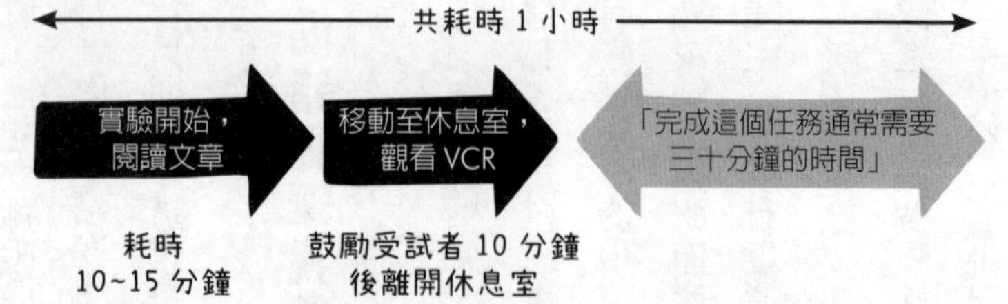

「白日夢思維的影響」實驗過程

組讀的是充滿統計數字與理論、枯燥乏味的文章，第二組讀的則是有趣又引人入勝的文章，讀完之後會有十分鐘的休息時間。受試者已提前知道，完成這份作業通常需要花三十分鐘的時間。

　而在寫作業之前，受試者可以待在休息室觀看有趣的情境喜劇，自由享受休息時間。他們可以自行決定何時開始寫作業，但他們必須在一小時之內完成閱讀、休息與作業繳交這三件事。

　那麼，來看看受試者一共休息了多久。從整體來看，平均休息了十分鐘。而白日夢思維程度高的受試者如何呢？透過資料分析，白日夢思維程度高的人休息了約十三分鐘、開始做作業的時間更晚，也就是說，他們認為完成作業不需要三十分鐘。

　尤其是閱讀枯燥文章的組別拖延得更多，即便同

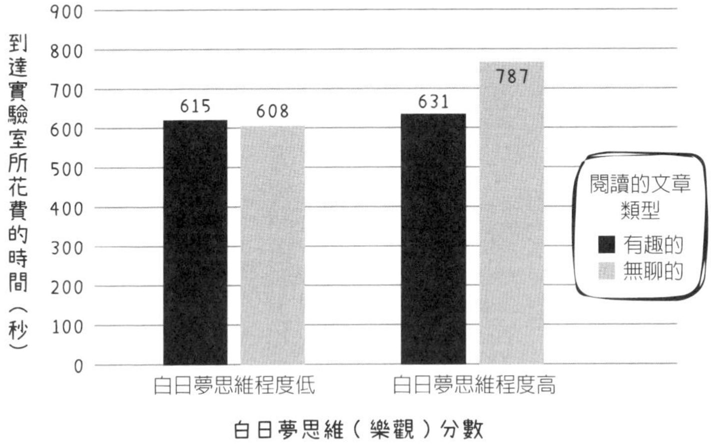

閱讀的文章類型與白日夢思維對「到達實驗室所花費之時間」的影響

樣是白日夢思維程度高的受試者，讀了有趣文章的組別也只休息十分鐘左右，而讀了枯燥文章但白日夢思維程度低的組別同樣也是十分鐘。然而，讀了枯燥文章且白日夢思維程度高的組別卻比其他人多休息三分鐘，他們帶著「寫作業不需要用到三十分鐘」的想法，比別人多拖延三分鐘。這項研究結果表示，白日夢思維可能是造成拖延的原因之一。

接著，我們試著將這個實驗套用到自己身上。假設你現在必須讀一份滿滿都是統計數字、而且你幾乎看不懂的無聊資料，還必須用這些資料寫出一份有模有樣的整理報告。讀著讀著，你感到心煩，告訴自己：「休息十分鐘吧。」接著伸手拿起手機，滑了一會兒，身體漸漸疲倦，於是你躺上了床。這時，熟悉的「正向思維」開始運作，你想起自己上次只花五個小時就完成了類似的作業，所以這次應該可以更快寫完。這樣看來，時間還很充裕，你想著。反正今天已經看了一點資料，就乾脆休息吧，明天再繼續。

像這樣，人會回憶過去的成功經驗，並藉此來制定計畫，盡量拖延該做的事。於是當人們拖延繁重又困難的任務時，常常會說：「感覺只要集中衝刺兩天就可以做完。」樂觀本身是健康的，但在面對有壓力的任務時，沒來由的樂觀反而會導致拖延。

尤其若你想要在某件事上取得成果，就必須調整白日夢思維。在努力的過程中會經歷困難和壓力，當感受到現狀與理想狀態之間有落差時，內心就會產生動力。我們將「想要做好、但現狀不夠好」這種落差感稱為「心理差距」（discrepancy），當人們產生心理差距時，就會意識到改變的必要性。

心理差距雖然可以使人成長和突破成就，但因為心理差距是出自於對現狀的不滿，因此也容易讓人不舒服。在這個情況下，人會為了自我防衛，刻意忽視不愉快的事實，只專注在樂觀的一面，而漸漸對無力感感到遲鈍[10]，如此一來，便會覺得當下不行動也沒關係。這種盲目樂觀會促使人們不斷拖延，隨著不切實際的狀態持續下去，自身會不斷低估可能發生的風險，若有一天意外真的發生，便難以做出適當的應對[11]。

在做小決定時，正向錯覺有時會有幫助，但在面臨關鍵的生涯抉擇時，為了達到最好的結果，則需要客觀評估自己的能力。就如同被猛獸追趕時，也得明確瞭解自己的逃跑能力一般。如果想要成功，有時必須果斷拒絕人類進化的產物「白日夢思維」。

丟掉「或許」與「可能」，用確定的語言激勵自己

每個人都有「這種事稍微拖延一下也沒關係」的標準，也就是「拖延的容許範圍」，而白日夢思維會擴大這個範圍。大多數的人都知道自己在拖延，但只有在感受到「再拖下去真的會出問題」的危機感後，才會開始行動。

以開車為例：行駛在直線路段時，人會像開自動駕駛模式的車一樣，不會過於專注在駕駛上，但當自己快要撞上前面車輛時，就會突然集中注意力，瞬間全身緊繃、

快速踩下煞車。在這個瞬間，人感知到自己正處在不同於平時、需要特別注意並做出改變的時刻，因此做出「踩煞車」這個動作。

人們對自己的拖延行為心知肚明，還會不斷將這種行為與內心的標準比較。應該開始行動、卻持續拖延，這個狀態帶來的心理差距並不會讓人感覺到事態的嚴重，這就是受白日夢思維的影響。白日夢思維削弱了必須馬上開始行動的急迫感，讓人相信自己在最後一刻一定可以完成；然後直到某個瞬間，才意識到截止時間來得比預想中更快，但此時通常時間已經非常緊迫了。人要到這個地步才會甘願行動。

因此，要停止拖延，就必須捨棄白日夢思維，立刻開始行動。不過，此時你可能會這樣想：「我也知道，但就是很難做到。」擁有「盲目樂觀」這類特質的人往往有改變的意志，但卻沒有相應的行動力。他們「現在要開始做」的決心是好的，這是一個好的開端，但他們在制定計畫時，卻會碰到一個特別的問題。

那便是在他們「明天再開始」的計畫中，總是摻雜著「或許」和「可能」等這類的假設語氣。「我（大概）明天早上開始進行，這樣的話，我（應該）可以心無旁騖地工作兩、三個小時，然後我（或許）就會在截止時間前完成。」從這種計畫可以看出當事人「不想浪費時間，想要有所行動」的念頭，但卻沒有「我一定會做到〇〇〇」的肯定性，反而充滿了猶豫和不確定。如果在計畫時，包含與「或許」和「可能」相近的假設語氣，人的執行力就會變弱。比如以下對話：

乘客：請問這班高鐵幾點會出發？
車站人員：「可能」早上的十點十五分會出發。
乘客：（疑惑）那麼，幾點會抵達目的地呢？
車站人員：「或許」兩點三十分左右會到。

乘客當然希望可以得到更確定的回答，到底是不是十點十五分發車？還是會更早或更晚？到底會不會兩點三十分準時到？還是會延誤？車站人員這樣回答，只會讓乘客不清楚相關的資訊。而且「（可能／也許）可以做到……」這種語句，讓藉口有了合理存在的空間。再比如以下對話：

朋友一：我們要約幾點見面？

朋友二：「可能」可以約十二點左右。

朋友一：（疑惑）

朋友一會感到困擾，不知道是否確定為十二點，想得比較多的人可能還會覺得：「他是不是不想跟我見面？」即使朋友十二點沒有出現在約定地點，也很難說他爽約。不確定的計畫和不確定的回答都讓人感到鬱悶。

因盲目樂觀而拖延的人也會有想改變、想開始行動的念頭，可是心裡總有一個說著「我可能做不到」就可以逃避的出口。這種情況很常見，但只要去掉「或許」和「可能」，情況就會明朗許多，同時縮小拖延的容許範圍，使行動變得容易。就像這樣：「我明天早上開始進行，如此一來，我可以心無旁鶩地工作兩、三個小時，並且在截止時間前完成。」

盤點「拖延損益表」，看清盲目樂觀帶來的損失

「照鏡子時，我們所期望的不是聽人說教，而是看見自己的模樣。」

——海姆・吉諾特（Haim Ginott）

鏡子的存在是用來看見真實樣貌，而不是為了讓我們特別出眾或暴露出缺點。我們可能不喜歡自己拖延的樣子，但我們可以採取必要的行動來規範自身。內心的鏡子能夠清晰反映出「我」的樣貌，這也給予我們規範和改變自己的機會。

若能實際評估我們的行為是否有助於實現自己想要的目標，就可以解決拖延。今天的我最多只能專心寫一個小時的作業，但幻想中的我可以一次用七個小時寫完全部作業，像這樣，我們需要檢視自己是否輕信幻想中的自我，導致錯過寶貴的時間。

在「因盲目樂觀而拖延」這件事上，既有得，也有失。首先，我們能夠因為拖延而得到一些不錯的感受：分心做其他事或休息時，心情會變好；在瀏覽社群媒體時，

會感受到多巴胺產生的愉悅感；至少我們在規劃何時該開始行動時，可以感覺到一切都有希望。

但另一方面，我們可能會因為拖延工作而自責後悔，認為自己技不如人、毫無用處，甚至對自己心寒。哪怕心裡知道這不是什麼大事，不須為此感到負擔，腦中「必須要做」的想法卻依然揮之不去，使得自己整天都坐立不安。最重要的是，我們會為此內疚，會埋怨自己為什麼不早早開始，這不僅消耗了自身的情緒能量，還讓自己更加痛苦。

下表整理了拖延帶來的「收益」與「損失」：

「收益」

- ✔ 感覺自己有充分的時間完成任務，心情暫時放鬆下來。
- ✔ 可以立刻做自己想做的事，真開心。
- ✔ 現在可以不用管令人頭痛的任務了。

←

「損失」

- ✔ 能完成任務的時間變少了。
- ✔ 能思考要如何完成任務的時間變少了。
- ✔ 一天需要完成的量太多，感覺有負擔。
- ✔ 責備自己為什麼不提早開始。
- ✔ 最終無法在期限內完成，只能尋求幫助。
- ✔ 擔心會因此得到負面評價。

在比較了拖延的收益與損失之後，我們可以看見拖延的「成本」明顯更多。原以為不會花太多時間，但實際開始行動後卻與預想不同而大吃一驚，也擔心自己會不會被認為是投機取巧或不負責任的人，害怕因為這份匆忙趕工出來的報告而被拉低考績，甚至影響升遷；表面上虛張聲勢地說著：「哎呀，三個小時就可以做完了啦！」

但其實根本無法好好享受放鬆時間，尤其在最後期限內急著完成該做的事，更是備感壓力與折磨。

即使是相同的行為，在不同環境與情況下，意義也不同。如果是在事情都完成之後，才開始看YouTube，這屬於休閒娛樂；但如果是為了逃避不想做的事而看YouTube，這就是拖延。自認能準時完成任務的白日夢思維有助增強信心，讓自己期待一個充滿希望的未來；拖延時的白日夢思維，則是一種自我安慰，即便大腦想著沒問題，內心卻充滿負擔。

罪惡感是當拖延行為與自我價值觀有所衝突時產生的情緒，越是努力無視，罪惡感反而會越強，因此，安慰自己「沒關係」並不是一個好方法。這時，不如問問自己：我真正渴望的是什麼？這個重要目標與我的拖延行為哪裡有衝突？它們是如何互相干擾的？拖延又帶給我什麼收益和損失？

善用「自我激勵」，積極掌控自我行動

「可能」可以做到、「或許」會去做，這樣的話缺乏肯定，隱含著「可能也不會做」的拖延心態；而直截了當地說「我會去做」，聽起來就充滿確定性。盲目樂觀的人通常不太會使用這樣直接確切的表達方式。

假設你在後天中午前必須完成一份報告，你心想：「我大概明天開始做就可以了。」那你很有可能無法真的行動；但如果你告訴自己：「我明天早上會做這件事。」這個計畫就會更加確切。只在心裡想想是不夠的，因為盲目樂觀的人，想法往往是模稜兩可的。當你將直接確切的想法說出口，就能夠感受到自己擁有更多的掌控感。

心理學將這種「充滿肯定與確信地與自己說話」的方式稱為「自我對話」（self-talk）。在以情緒調節為核心的領域，如運動心理學等，積極自我對話的效果被廣泛研究。當運動員面對重要比賽，因過度緊張或克服不了心理障礙而表現不佳時，充滿信心、積極的自我對話，比盲目增加訓練更有效。

心理學家強調，這與一般人所理解的「精神勝利」不同。結合許多研究結果來看，

當人們相信自己可以完成心中所想之事，並以自我對話的方式來鞏固這種信念時，自我對話便具有指導意義，同時可以強化動機。

對於盲目樂觀的人來說，將積極的自我對話大聲表達出來，是非常好的。運動心理學研究團隊為了具體瞭解自我對話的效果，他們評估並比較了指導式自我對話與動機式自我對話，分別對足球、羽毛球等多種運動成績表現的影響。[12]

「我一定可以！」這類自我激勵的話屬於動機式自我對話；而指導式自我對話則會包含具體方式，例如「揮拍時，右腳再用力一點，這樣才可以打得更好！」

而此研究結果顯示，運動前進行積極的自我對話本身就有幫助，但若想要更顯著的成績、越需要精密技巧的運動，就越要使用指導式自我對話的方法。相對於動機式自我對話只是單純鼓勵，指導式自我對話提供具體的行動指示和方向，在口語表達時更能產生效果。

自我對話是一種透過話語加強信念及自我賦權的方法，能讓人反覆意識到：唯一能掌控「我」的行動的人，只有「我」自己。無論是拖延著不寫報告，還是下定決心

馬上開始，任何行動的權力都只掌握在自己手中。

將自己不行動的理由歸咎於他人或外在情況很簡單。你可能會怪某人讓你生氣，所以你心情不好，無法專心工作，這樣一來，阻礙你完成工作的主體就不是你自己，而是「某個人」。類似這樣，將拖延的選擇權交到他人手上，自己就可以推卸責任。然而，這樣的想法和行為若一再出現，會讓人在日常生活各方面都失去對自身的掌控權，最終成為一個情緒化又事事缺乏動力的人。

只有自己能掌控自己的思考、行為甚至是習慣，不管事情的走向是進展順利，抑或遇到瓶頸，我們都必須握有對生活的掌控感，才能擁有解決問題的力量。這與鞭策自己的自責不同，我們反而需要大方承認：選擇拖延的人正是我自己。

如果有個需要花費一星期才能完成的任務，你卻在第一天就選擇拖延，這時別急著要自己盲目樂觀，而是要承認自己沒有完成今天該做的事，再確切說出明天幾點開始行動，藉此恢復部分的掌控權。我們沒有必要批評拖延的自己。

人習慣判斷想法或話語，判斷好與壞、利與弊，並將其劃分界線，這是人類生存的技能之一。就像是在草叢中看見蛇時，與其觀察牠是否有毒，不如當機立斷，趕快逃跑才是上策。不論國家與文化如何，大多數的人類不到兩歲就已經開始發展判斷與分類事物的能力，哪怕小孩子還不太能掌握人際溝通的技巧，他們也可以毫無障礙地區分出「好朋友」與「壞朋友」。

判斷與分類的能力非常重要，這能夠保護自己免於危難，但卻對抑制盲目樂觀沒什麼用。即便判斷「拖延的自己很爛」，也無法因此獲得掌控感並去做該做的事，反而只會因為自己的負面評價而陷入沮喪中（「自我責備傾向」這部分會在第三章中有更詳細的探討）。承認自己該對自身的選擇負責、不批評，只是客觀地看待情況，說出明確且積極的決心或計畫，這才能夠幫到自己。

不過，就算知道方法，也難以在一夜之間成功改變。想要慢慢改掉習慣，必須不斷在各種情況中練習，這個方式也叫做「修通」（working through）。我們常常知道某些習慣無益於健康，卻仍戒不掉。就如同即使沒有酗酒習慣，也知道喝酒會影響隔天的日常生活，卻還是會一時衝動，習慣性地參加聚會、喝酒一樣，在那些因為盲目樂觀而拖延的人身上，經常可以看到這種行為。

許多研究結果都表示，樂觀與健康行為有顯著的關聯性。如美國天普大學的研究團隊以四十到六十歲的中年人為對象進行調查，詢問他們「認為未來自己罹患心臟病的風險有多少」[13]。結果顯示，有一半以上（五六％）的人都屬於盲目樂觀的類型，因為根據他們的生活習慣或家族病史等有預測價值的資料來看，他們實際可能罹患心臟病的機率被自身低估了二〇％至四〇％。

這項研究結果意味著，盲目樂觀可能會阻礙人們付出努力去應對實際風險。當研究團隊提供受試者心臟疾病相關的健康資訊時，盲目樂觀的人並沒有表現出太多興趣，哪怕他們處於應該要注重健康管理的中年時期，卻仍像一般拖延的人一樣，拖延了對健康的管理。

心理學家建議，想改變有害健康的習慣，要先理解習慣養成的原理。當引發人做出某個特定行為的衝動，也就是情境訊號（cue），和與之相應的反應（response）反覆出現時，就會形成習慣。

當情境訊號出現時，如果某人偶然選擇的行動，帶來實際上或情緒上的好結果，那這個人往後在類似情境中做出相同反應的可能性就會提升。「訊號—反應」反覆循環養成習慣後，這組行為模式在日後就會自然而然出現，到這個階段，想要用其他應

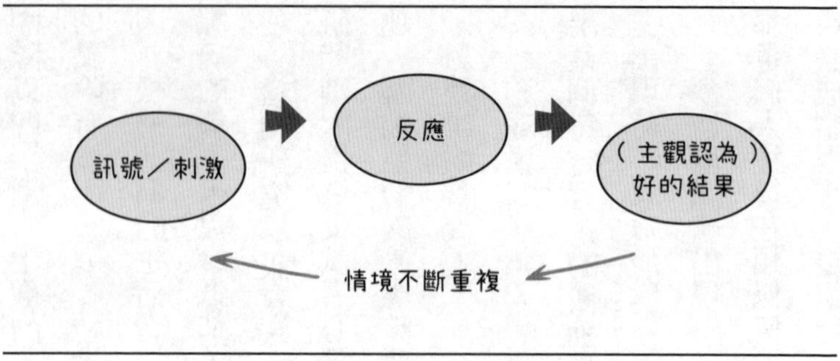

習慣養成的原理

對方法來打破該習慣就會變得更困難。

在研究如何改變不良習慣時，健康心理學家注意到，大多數的習慣都依賴於情境。舉個簡單的例子，有一個人每次心情煩悶時，都習慣性地在下班後吃一盒甜甜圈，雖然對健康不好，但這是因為他過去曾在壓力大時發現吃甜食可以讓心情好轉。於是，當「負面情緒」的訊號與「吃甜甜圈」的反應變成習慣後，對他來說就是一個既有用又快速的解決方式，他便很難再去從事其他需要付出努力嘗試的方法，如簡單運動、練習重新定義壓力等。

既然如此，他該如何改變已經成自然的習慣呢？有效的第一步就是從此繞道而行，避開有甜甜圈店的那條路。遠離輕易能夠買到甜甜圈的情境後，就可以考慮其他應對煩悶情緒的方法。脫離反覆做出習慣行為的情境，再嘗試其他應對方法，聽起來雖然沒什麼特別之處，卻是最踏實的方式。

接到任務時，先花點時間瞭解狀況並制定計畫

盲目樂觀的人想成功改變拖延習慣的第一步，就是在接到任務的當下，先稍微瀏覽自己將要經手的東西。盲目樂觀的人最大的特點就是習慣低估任務的規模，更準確地說，他們習慣將完成任務所需的全部努力低估到不符合實際情況的程度。而這個不現實的「預估」，幾乎是在一接到任務的瞬間就總結出來的。

這其中包含了各種不切實際的想法，包括過度相信自己的工作速度或熟練度，以及錯估任務本身的性質等。對需要努力一週的任務，他們可能會憑印象瞬間判斷「這我常常做啊，集中衝刺三天就可以做完啦」或「看起來只要把資料整理完就好了嘛」，他們就這樣依賴自己的盲目樂觀，將事情拖延下去。

盲目樂觀之所以會導致人們低估情況，是因為判斷下得過於草率。盲目樂觀的人

總是極快速地下結論，卻缺乏實際根據，因此他們在任務中常感到時間緊迫。即使他們才能過人，可以在一開始表現優異，卻由於時間不足，最後只能虎頭蛇尾、勉強將事情完成。

當我們一開始接手任務時，先瞭解事物的性質和特點，其實並不需要花很長的時間。我們可以在收到電子郵件後，馬上下載附件檔案來看一眼；如果這個週末必須大掃除，那麼我們可以先確認可回收的垃圾有多少，並記下需要多少公升的垃圾袋。因為僅憑印象和感覺的預估，大多數是不準確的，所以要倚靠實際根據來加以輔助。

先稍微瀏覽一下任務，這個動作本身就可以提高可執行性，同時也是在為「改變長久以來的習慣」這個目標創造環境。根據雙重歷程理論（dual process theory），我們在做決策時會啟動兩個系統中的其中一個，如果啟動的是第一個系統，就會讓我們受習慣驅使，做出簡單而衝動的決策，而盲目樂觀的人之所以會草率低估任務所需的努力，就是遵循此系統的結果；如果啟動的是第二個系統，則會讓我們在做決策時保持謹慎。

系統一處理的是像刷牙、穿鞋等不需要特別思考的簡單任務，而系統二則是運用

雙重歷程理論

於更複雜的決策情境。此二者之間的差異在於，啟動系統二所需要的時間比系統一更長。盲目樂觀的人在需要運用到系統二的情境中，過快地啟動了系統一，因此促使他們做出錯誤的判斷。

而要啟動系統二的模式，可以先瀏覽要做的任務內容，這個動作的好處是不需要花太多時間，也不會造成過大壓力。即便光是瀏覽並未完成任何事情，但當你打開附件檔案確認內容的實際份量時，就已經自然而然地開始獲得確切資訊了。

毫無負擔地瀏覽一下任務，便能提高「儘早開始行動」的可能性，因為只要先有個起頭，第二天就會更容易地進行下去。哪怕不能一夜之間讓盲目樂觀的特質消失，也可以讓你邁出改變拖延習慣的第一步。

如果說，事前瀏覽能夠阻止「草率下判斷」這個行為，那麼，又該如何改善對自身能力太過自信的習慣呢？盲目樂觀的人其實是有能力的，因為他們曾在處理緊急事物時有過成功的經驗，所以他們才會一直信任、依賴自己的樂觀判斷。也是因為如此，他們才會認為，只要花三天就可以做完的事，卻要他們花一個星期或更長的時間去做，反而是浪費時間。然而，雖然不能說他們的自信來得莫名其妙，但透過研究結果可以得知，至少盲目樂觀的人並沒有意識到他們對自己是「過度自信」的。

人即使依靠急於完成任務的迫切感，也無法持續專注二十四小時。根據與「健康成年人的專注力」相關的研究結果，健康的成年人每天能全神貫注的平均時長為六十分鐘[14、15]。其中，就算是天資過人者最多也只能達到四個小時，一旦超過這個時長，人的注意力就會開始渙散，需要短暫休息或小睡一下，讓大腦喘息片刻。

心理學博士彼得·赫曼（Peter Herman）指出：「許多人設定了不切實際的目標後，又因為想快速達成而過分要求自己，最終只能宣告計畫失敗。」因此，抱持「等到期限將近，再埋頭專注衝刺個一、兩天應該就夠了吧」的想法而安心拖延，這樣的過度自信是不現實的。

如果經由「瀏覽」來事先瞭解任務所需的實際努力需要多少，就有助於規劃自己的體力與分配可用時間，並且啟動系統二來做計畫。而除了判斷任務需要花多少心力，其他情況與條件也要考慮進去，如自己手上的其他事物、無法取消的約會、身體狀況等等。

此時需要記住的一點是：計畫不需要很精緻。就像「瀏覽」任務時要保持沒有壓力的狀態一樣，計畫應該要務實，而不是一開始就必須完美、毫無彈性可言。最初制定的計畫是要可以任意調整的，並且隨著調整的過程，計畫也會變得更加踏實可行。

舉例來說，即使根據計畫，你要在週末下午認真工作至少兩個小時，但仍要預留一些彈性時間，好讓自己有餘裕應對計畫外的狀況。比如在當天下午，母親突然造訪，如果計畫缺乏回應變動的空間，這件事可能會讓你措手不及；但若是有足夠的彈性，就可以選擇與母親度過下午的時光，等到晚上再補足工作進度。

寫下預估與實際的差距，改變思考習慣

想要在處理事物時，避免盲目樂觀的思維、養成運用系統二的習慣，就參考一下心理學家的智慧吧。其中最無庸置疑的，就是要對樂觀抱持肯定的態度。樂觀的人平時心態也較積極，因此處於正面情況時能夠感受到更大的幸福；即使遇到負面事件，他們的內心也相對強大，不會輕易就失去希望。所以，在保持樂觀的同時，減少不現實的想法，是避免盲目樂觀、養成謹慎做判斷的最好方法。

此外，需要解決問題時，除了分析情況，瞭解自己的處事風格也相當重要。盲目樂觀者有幾個特點：第一，過去的成功經驗讓他們充滿自信；第二，當他們覺得要做的事很無聊時，會格外拖延；第三，制定計畫時不夠明確，經常有模稜兩可的地方；第四，他們習慣憑印象做出判斷。

「錯題筆記」經常使用於克服拖延的課程中，這些課程會發放講義或根據情況出作業，而盲目樂觀者因為有自信，所以通常也較願意配合諮商師的指示。

盲目樂觀者寫錯題筆記的方法，和學生備考時的錯題筆記差不多，都是在模擬考後在筆記的一邊記錄錯誤答案，另一邊則記錄正確答案，並在下半部寫出錯誤的原因與正確答案的解析。諮商師會鼓勵來訪者回想過去經手某項任務時，自己「原先預估此任務所需的時間」，以及完成這項任務「實際花費的時間」，並加以比較，而後再邀請來訪者回答以下問題：

你對這個（預估所需時間與實際花費時間之間的）誤差有什麼感覺或想法？

難以在預估時間內完成這項任務的具體原因是什麼？

這爲什麼與任務本身的性質有關？

這爲什麼與你當下的狀態有關？

經驗豐富的諮商師會再接著問：「或許過去只花這點時間就可以做完，但這次卻需要更久，原因出在哪？如果下次再做類似的事，會用什麼方法來減少這個誤差呢？」

在這樣的過程中，你可以根據自己的喜好，選擇實體筆記本或備忘錄APP，當你的白日夢思維在某項任務結果中被判定是不恰當的，就可以練習將此寫為錯題筆記。以前的你可能只會批評計畫失敗的自己「沒本事又愛逞強」，但錯題筆記會有效告訴你問題所在。

可能導致「答題錯誤」的主要原因包括：晉升之後工作內容變得更繁雜，自己卻仍維持新進員工時期的思維與習慣來處理業務；對自己寫報告的能力過於自信；沒有根據工作量合理分配時間等。

使用錯題筆記實際上是在反思自己的判斷，系統二也會因此啟動，便能自然地減少盲目樂觀導致過快決策的情況發生。藉由錯題筆記辨識自己的特質與任務特性，這個做法用意在於向自己傳遞新認知，但並不會破壞或改變天生本有的樂觀，也就是說，這是一個逐步練習「改變思考習慣」的過程。經過反覆練習，想像與現實的落差就會慢慢減少，甚至當你足夠熟練時，就可以不用再依賴筆記。

第 3 章

拖延病類型二：自我責備

如果你感覺一切都充滿希望，

那是因爲你正這麼想著。

——朗達．拜恩（Rhonda Byrne）《祕密》（*The Secret*）

自我責備讓我們加深對失敗的恐懼

我好爛哦……時間都快來不及了，卻還一直停在同一頁，昨天就應該多寫一點的……好後悔，我昨天到底在幹嘛啊，有人都已經要寫完了，就我一個人還在拖拖拉拉。也是啦，能力比其他人差的話，就應該要多花一點時間……每次都這樣，我沒救了吧，一定不會有人想跟我這種又懶又廢的人共事吧，我到底爲什麼會這樣？

如果你對這段文字深有同感，暗自想：「這不就是在說我嗎？」那你很有可能就是因為「自我責備」，所以才會拖延。習慣自我責備的人經常會對拖延的自己感到失望，並嚴厲責怪自己。

所謂自我責備，就是否定自己、負面評判自己[1]。自我責備主要出現在兩個時間點：完成待辦事項的過程，以及人際往來之時[2]。而在完成待辦事項的過程中，自我責備與完美主義有密切的相關性。

當手頭上有任務在進行，完美主義傾向高的人會在幾個時間點感受到很大的壓力：開始行動時、與他人競爭時、有最終期限並必須被人評論好壞時。他們會擔心自己表現不好，導致最後的成果不理想，這時，拖延行為就會出現。而當他們認為自己無法達到理想中的高標準，或感覺事態不受控制時，就會責備、批評自己，想藉此讓自己提高警惕，免得發生難以挽回的結果。只是，他們往往不是這樣對自己說：「修改一下現在的成果，讓它更完整吧。」反而會習慣性地責備自己：「你這個又懶又沒用的人，沒救了。」這種方式只會讓他們加深自身對失敗的恐懼，導致難以開始行動或陷入嚴重的低潮期，甚至還可能會因為始終不滿意成果而反覆修改，耽誤了繳交時間，最終錯過期限。除了這些，拖延與完美主義傾向的相關分析在第5章有更詳細的討論，若對此類型的拖延有所共鳴，讀者們也可以先閱讀第5章，或許更有幫助。

這一章所討論的自我責備類型與「人際往來」有十分密切的關聯，這類人非常重視人際關係，並總是為此擔心。他們期待自己是一個乖巧的女兒、可靠的兒子、捨身奉獻的媽媽、盡責顧家的爸爸，也希望自己可以在社會生活中維持良好的人際關係，並確切歸屬於某個群體，不被邊緣化。因此，當他們覺得自己做了不恰當的行為或出現愚蠢的舉止，又或是沒有依循某個方式來行動時，就會責備自己。

自我責備有許多形式，如對過去所做之事後悔、拿自己與他人比較、自我檢討、自我訓斥、自我厭惡等等，而這些形式之所以會引發拖延行為，其中的關鍵點就是「罪惡感」。自我責備傾向強烈的人可能會認為自己愚笨、不知變通、既無能又魯莽，所以為了避免犯錯，好讓自己看上去瀟灑俐落，他們會嚴格控制自己的想法、情緒與衝動，哪怕這會壓抑自己、讓自己痛苦。而在這個過程中，他們不僅會責備自己的失敗與過錯，還會對「我」這個人的性格、外表、行為等產生負面批評和判斷[3]。

不斷的自我責備會削弱自信心，提高逃避任務的可能性。此時的拖延並不是因為太想做到完美，而是害怕別人對自己的成果感到失望，甚至遭受批評。

若有責任重大的任務，這類人會選擇能不接就不接，因為他們不想引人注目。在專業領域中，影響力越大，遭受批評的風險就越大。他們也擔心自己變成他人忌妒的對象，被其他人冷眼相待。因此，雖然自我責備會打壓自信心，令人感到痛苦，但拖延任務至少可以讓自己待在安全的舒適圈。

自我責備的目的，是為了避免令自己恐懼的潛在風險發生，而「拖延」就是實現

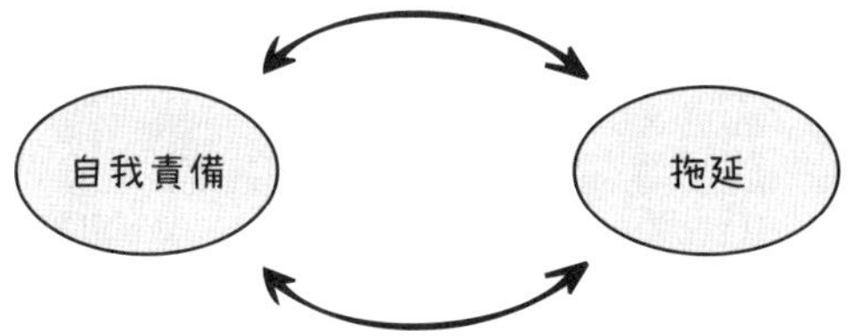

自我責備與拖延行為的惡性循環

此目的的手段。像是「我做不到」、「我根本沒這個能力」、「我的缺點太多了，必須隱藏起來」、「嘗試了會被笑」等，他們甘願犧牲自我潛力，也要持續對自己灌輸各種自我責備的話術，並藉此拖延。

「因為我個性衝動、因為我沒有能力面對他人的冷眼相待、因為我可能會過度自負而陷入困境，所以我還是先逃避吧，先拖一陣子再說。」他們藉由自我責備打擊自己的士氣，並有「充分的理由」拖延任務，好讓自己待在狹小安全的舒適圈中。直到截止時間迫近，意識到真的要完蛋了，「萬一來不及完成，說不定還會給別人添麻煩，甚至可能當眾出醜。」直到這樣的恐懼隨著期限逼近而逐漸放大，他們才會像火燒眉毛一樣，連忙開始做該做的事。

除此之外，自我責備和拖延行為會形成惡性循環。例如他們會以「我很懶惰，其他人也一定覺得我很爛」這樣的話術來打擊自己，這不僅會導致他們的自尊感降低，整個人更加頹喪消沉，還會使他們將拖延當作權宜之計，來逃避這些不適感。

不過，一旦他們意識到自己在拖延，新一輪的自我責備又會伴隨著罪惡感出現，「只會做這種沒用的事，大家知道了會對我很失望的吧。」於是，靠著責備自己得到拖延的藉口，卻又在拖延之後產生自我責備的念頭，惡性循環就這樣產生了。該怎麼做才能扭轉這種自我責備與拖延行為的惡性循環呢？自我責備又會以何種形式出現？人為什麼寧願痛苦也要責備自己？

擁有自我責備特質的人，既有順從的一面，同時也有略顯陰暗的一面。他們會因為遵守規則而感到心安，也希望自己不負他人期望；他們平時性格開朗，能夠從容完成其他人覺得麻煩的事物。於是，「可以把事情做好」加上「不會抱怨」的他們，經常被他人評價為「人很好」。

然而，有時負責壓力較大的任務時，他們會下意識拖延，並認為自己是在偷懶，而對自己失望。這並非只是輕微的自責，實際上，他們的內心很不滿意拖延的自己。當一個人反覆對某個對象失望時，會有什麼樣的想法呢？剛開始的一兩次可能會睜一隻眼、閉一隻眼，但如果反覆再三，就很容易對該對象產生不好的印象。對自己失望也是同理。

因自我責備而拖延的人，會給三番兩次拖延任務的自己貼上「廢物」的標籤，藉此來狠狠地責備自己。他們待人親切，卻對自己極為嚴苛。

我什麼都不擅長。

我一無是處。

反正都會失敗，沒什麼好嘗試的。

一切都是我的錯。

如果別人知道我真正的樣子，他們肯定會失望。

當然，想要做好自我管理，自律是必不可少的。不自律的人就像脫韁野馬，只會一味地隨心所欲或衝動行事。必要的紀律是應該遵守的，比如說，糖尿病患者就必須嚴格控制飲食。人在內心要求自己遵守紀律時，其實都是為了讓自己更好，但習慣自我責備的人在拖延任務時經常會過分自嘲，如「我是一個混水摸魚的人，所以……」這會形成反效果。

這類人看似很自律、不需要紀律約束，但實際上，他們會在心裡一遍又一遍責怪自己，並逐漸讓「我這個人沒救了」的負面認知在腦中根深柢固。一旦他們將自己定義為懶惰無用的失敗者，就會害怕自己的能力不足以完成手頭上的任務，這種無力感也更容易促使他們出現拖延行為。

當他們出現拖延行為時，身邊的人會為他們著急，因為在旁人眼裡，他們平常不像是會拖延的人，怎麼效率忽然就變差了？倘若這時再加以催促，甚至會加重他們的自責感，讓原本已經鬱悶不堪的心情跌入谷底，有如烏雲密布，世界也變得昏天暗地。

如字面所見，「自我責備型拖延」的關鍵在於「自我責備」。鞭策自己或許一時可以振作精神，但過度責怪、否定卻會消耗自身內心的能量，無法產生新的動能。既然如此，人為什麼要狠狠責備自己？又為什麼會毫不留情地對自己說那些絕不會向他人說出口的惡言惡語呢？

責備鞭策只能短暫提高效率，卻難以延續動力

「如果這件事搞砸了，都是因爲我。」

「我再這樣下去就完蛋了。」

你或許曾有類似的念頭，這些不安和恐懼令你產生危機感，但有時卻會成為你推進行動的燃料，於是你相信：你需要被鞭策，才能表現得更好。不過，像這樣的打罵式鞭策真的可以幫助你達成想要的目標嗎？

為了瞭解「自我責備」對「工作記憶」（working memory）產生的影響，美國中密西根大學進行了一項實驗[4]。所謂工作記憶，是人類大腦中的一個區域，在執行手頭任務時，負責即時處理各種所需資訊、排定任務順序或制定有效計畫，而工作記憶的容量會影響學習與任務執行的表現。在這場實驗中，研究團隊將「成功或失敗的經驗」當成研究變量，讓受試者進行測試，以此找出自我責備程度與工作記憶容量之間

的關係，及自我責備在實現目標的過程會造成哪些影響。

在進行工作記憶測試前，受試者要先填寫一份問卷，讓研究人員瞭解他們平時自我責備的程度如何。而在第一次測試中，研究人員會隨機調整部分受試者的測試難度，讓他們經歷失敗，而其他受試者則會成功。測試完畢後，受試者會得知自己的測試結果，並接著參加第二次未經調整的測試。研究人員在測試的前、中、後三個時間點，都會測量受試者的情緒狀態。

研究團隊經過這次實驗後發現，自我責備程度低的人，不論測試的結果是成功還是失敗，工作記憶的機能幾乎不受影響；相反地，自我責備程度高的人，在經歷失敗後，工作記憶的機能雖然會短暫變好，卻會在第二次測試成功之後變差。這表示經常自我責備的人只有在處於自我鞭策的情況下才能振作起來，他們對失敗的恐懼與危機感，短暫加強了他們處理任務的能力。

這也解釋了為何人們在對自己說了一些難聽話之後，會有忽然振奮起來的感覺。但這只是一種在強烈壓力下的間歇反應，難以長期維持；而且成功的經驗不僅無法賦予這類人好的動機，還會因為生出「終於結束了啊」的安心感，整個人鬆懈下來，導致工作記憶的機能下降。

一般來說，別太在意結果是否成功，對「堅持目標並持續行動」才是好事，成功經驗帶來的成就感也是我們保持行動的動力，但自我責備程度高的人，因為過於在意結果，通常不太願意再三嘗試，也不容易從成功的經驗中汲取正面能量。像這樣，如果行動是為了消除失敗與恐懼，即使完成手頭上的任務，也只會感受到逃過一劫的慶幸，而不會擁有達成目標的成就感。

以責備的方式鞭策自己，或許短時間內對當下的問題有所幫助，但危機感帶來的壓力不僅會讓人疲倦，那些傷人的話還會在內心留下傷痕。而最終的自己，也不會是「好好完成任務的我」，只會是「勉強混過去的我」。

真正重要的事，是實踐與前進的能力

人即使知道自我責備不是個好習慣，卻總是忍不住這麼做的原因，是因為自我責備能帶來好處。對自我責備傾向較重的人來說，拖延是難以忍受、又令人羞愧的行為，他們認為，無法如期完成計畫事項的「我」，會讓自己與身邊的人失望，因此便以責備的方式來懲罰自己。

於是，他們對著自己痛罵一頓，懲罰沒有做好事情的「我」，好似這樣就能承擔責任，並減輕內心的羞愧感和罪惡感，心情也因此變得輕鬆了些。也就是說，自我責備是一種調節負面情緒、減少痛苦的短期策略。

不僅如此，自我責備的另外一個好處是，可以逃避當下與未來的任務，以及自己經由這些任務聯想到的恐懼與愧疚。在責備自己過往的錯誤和失敗時，將重點聚焦在過去和自我身上，可以暫時轉移注意力，不去面對當下及未來的恐懼愧疚。自我責備是一個很好的逃避手段，事實上已有研究結果證實，自我責備的確會造成逃避行為與拖延[5]。

責備自己這件事，一開始可能只是為了讓自己不要過於軟弱，所以採取一種比較無情的方式向自我對話。但就像長鞭效應（Bullwhip effect）[6、7]的原理，只要輕輕甩動一下鞭子的手柄，鞭子末端就會產生巨大的波動。同樣地，輕微的責備也會擴大為嚴厲的否定、責罵，讓自己不只意志消沉，還徒增恐懼。

在這種情況下，若是又被恐懼或害怕丟臉的想法所控制，就無法發現真正的問題，也難以思考解決方法。雖然這並不是人們選擇自我責備的本意，但最終責備自己會讓內心陷入混亂與騷動，卻掩蓋最重要的事而無從解決。

要是為了處理自我責備引起的混亂而拖延重要的事，即使自我責備能帶來好處，那又如何呢？以責備當作權宜之計，來調節負面情緒、緩解不想面對的恐懼，結果卻讓我們陷入憂鬱及無力感的循環，這反倒令人扼腕。或許我們的羞愧與罪惡感因此減輕了，但同時，自我責備後留下的傷口也削弱了「實踐的力量」，導致我們失去朝著真正重要的事物前進的能力。

尤其是在不斷責備自己懶惰、拖延，最終給自己貼上「對，我就是個爛人」的標籤後，我們就會對「想要努力改變」的念頭死心。之所以會死心，是因為我們知道，「錯誤的行為」是可以矯正的，但「差勁的人」是改變不了的[8]。

罪惡感是導致拖延的癥結

我們經常在某人犯錯時責備他，或是在他沒有達到應有水準，抑或是行為有所偏差時批評他，當這種行為的接收對象轉為自己，就變成了自我責備。習慣自我責備的人會責怪自身所採取的行為、所經歷的情緒等，並因此認為事情之所以發生，都是自己的錯。

每個人的心裡都有一把尺，從「不能說謊」這種最基本的道德標準，到「要做到好」、「至少要在平均以上」，再到「要誠實盡責」等，每個人的內在標準不盡相同，範圍涵蓋了各種領域與程度。當我們無法滿足自己的內在標準，便會自我責備。自我責備是對自己沒能遵守內在標準的懲罰，而罪惡感就在其中孳生。

所謂的「罪惡感」，是人做錯事後，負罪感與責任感在內心油然而生的一種可怕情緒。人一旦產生罪惡感，就會拚命地想逃避它，甚至為了得到緩解，會採取一些對應行動。此時，因為自我責備而拖延的人選擇的方式正是責備自己，「你這麼做是不

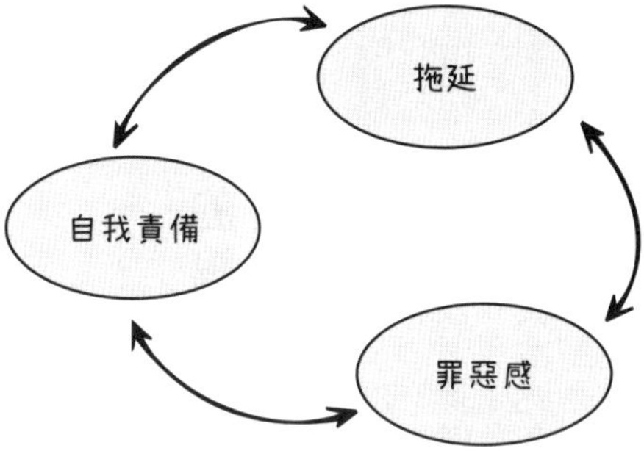

「自我責備—罪惡感—拖延」的惡性循環

對的」，他們會這樣狠狠地指責自己，以試圖緩解罪惡感。

然而，這樣的指責會傷害自尊心。當「我」對自己貼上「我就是沒用」的標籤時，本就薄弱的自我效能感也將隨之消失，被指責的自己會變得有氣無力，懷疑自己：「這樣的我接下來還能做什麼呢？」而「能力不足的我」也將更加害怕眼前必須完成的任務。於是，拖延行為就這樣不斷發生。

罪惡感不僅是促使自我責備發生的媒介，也是導致拖延行為出現的原因，更是拖延所帶來的後果。我們難以忍受拖延時的自己，因為這嚴重違背了我們內心的標準，而當「我這麼做是不應該的」的類似念頭產生，罪惡感便趁機向我們襲來，並在它占據心頭的瞬間引發自我責備的行為，加深我們的無力感，將我們拉進拖延的漩渦。像這樣，「自我責備—罪惡感—拖延」三者息息相關、相互影響，形成牢不可破的惡性循環。那麼，這個三角關係究竟從何而來？又是如何形成的呢？

自我責備的根源，或許來自童年

沒有人想被責備，也沒有人想被揪出缺點或過失，或受人惡言批評。起初，我們苛責自己，或許是為了讓自己打起精神，「再這樣下去所有事都會完蛋！」以這樣的口吻鞭策自己，好讓自己在危機感中咬緊牙關、苦撐下去，但最終我們卻仍陷入不斷拖延的僵局。

首先，我們需要先找出這些嚴厲的責備、辱罵從何而來。這些讓內心痛苦不堪的罵聲，或許一開始並不出自於「我」，而可能是主要養育者（通常是父母親）出於愛，而對我們的叮囑與嘮叨。

在幼年時期，要客觀判斷世界和自我是很困難的，孩子會透過主要養育者來接觸世界，並逐漸瞭解自我，對孩子來說，主要養育者就是絕對的存在。成年人對孩子的責備，在他們自身看來並不嚴重，他們會認為自己的出發點是好的，但孩子若沒有接收到主要養育者夾雜在責備中的善意，就會覺得自己有問題，並形成「我不對、我有缺陷」的認知。

主要養育者指出孩子犯錯的地方，是希望可以藉此讓孩子變好，但如果愛意沒有同時傳達出去，孩子就容易覺得自己哪都不夠好，甚至可能會認為「我」這個存在是種缺陷，所以才不討喜、不被歡迎，也才無法得到完整的愛。就這樣，外部的嚴厲指責在無形之中滲透孩子的內心，成為了他們自己的聲音。

父母的言語還可能會促成孩子形成完美主義的傾向，而完美主義也可能成為自我責備的主要原因之一。如果你的自我責備似乎與完美主義相關，可以閱讀本書的第5章，更詳細地瞭解其中的關聯與發生過程。

父母的關愛，有時會形成心理控制

「媽媽眞的爲我們、爲這個家奉獻了很多，所以當媽媽向我訴苦，說她過得很辛苦時，我沒有辦法置之不理。有一天，我上班上得很累，回到家後，媽媽又向我發牢騷，說自己遇到了哪些傷心事，那天的我眞的沒有心情聽她說話，因爲我也很煩躁……所以我裝作沒聽見，直接進了房間。結果媽媽進來和我說：『也是，你上班已經很累了，還要聽我抱怨，一定很煩吧？對不起。』說完，媽媽就走開了。那時，罪惡感湧上心頭，我的心裡很不好受。」

大多數的父母都愛他們的孩子。即使是不關心自然環境的人，在有了孩子之後，也會開始重視環保，他們不擔心自己的未來，而擔心孩子的未來，「我自己無所謂，但我的孩子要在乾淨的環境中平安地生活才行」。像這樣，對父母來說，孩子是他們的第一順位。

因此，父母希望可以盡早教給孩子更多東西，教他們如何生活、如何看待這個世界，以及如何保護自己。他們擔心有一天自己不在了，孩子將難以獨自生存，於是，他們盡力將人生中得到的經驗與教訓都教給孩子，包括說話方式、做事態度、讀書技巧、生活習慣、休閒娛樂等，遍及孩子生活的各個方面。在這個教育過程中，父母會思考有沒有辦法能讓孩子「好好聽話」，不論是有意還是無意，父母會試圖以自己的方式控制孩子的想法、情緒和行為。有時，父母會使用不適當的管教方式，美國心理學家布萊恩．巴伯（Brian Barber）將此稱為「心理控制」（psychological control）[9]。心理控制包含六種手段，分別是：限制意見表達、反駁情緒感受、責備辱罵、撤回關愛、表現捉摸不定的情緒、引發罪惡感。

「限制意見表達」（constrain verbal expressions）是指父母忽視或打斷孩子的話。「反駁情緒感受」（invalidating feeling）則是指父母不接受孩子的某些情緒，甚至予以反駁，像是對孩子說：「開個玩笑都不行？你這麼敏感幹嘛？」

「責備辱罵」（personal attack）是父母不斷挑剔、挖苦、責備孩子的不足之處。「撤回關愛」（love withdrawal）是當孩子達到父母期望時，父母便給予關愛，沒有達到預期時就收回。

而「表現捉摸不定的情緒」（erratic emotional behavior）則是指父母表現出讓孩子難以揣測的情緒，像是某天格外嚴厲，對孩子很冷漠；某天又表現得和孩子像是朋友一樣親切，讓孩子無所適從。「引發罪惡感」（guilt induction）是讓孩子感到內疚，讓他們覺得如果真的為父母著想，就不該做讓父母擔心的事。

以上這些心理控制的手段，都是父母為了讓孩子按照自己的想法行動，而將自身的情緒和念頭強加在孩子身上的方式。當孩子試圖表現出與父母想法不同的行為時，有心理控制傾向的父母會「隱形懲罰」孩子。

例如，父母可能會不分場合地在其他人面前大聲埋怨孩子讓他們多麼操心，讓孩子感到丟臉；在面對父母的訴苦，孩子忍不住反駁「我今天也很累」時，父母可能會生氣地指責孩子：「為什麼之前不說，現在才說？」或故意說著「對，我們當父母的就是活該」之類的話，讓孩子產生罪惡感，不敢再多說一句話。像這樣，心理控制會變相操控孩子形成內在自我的過程，進而抑制孩子發展為獨立個體，使他們過度依賴父母。

停止自我責備，關注自己真正想做的事

當然，有些父母是有意地、有計畫地利用心理控制的手段來引導孩子按照他們的想法行動，也有極少數的父母會惡意藉此控制孩子。不是所有父母都是成熟的，即使是無私的父母，也可能在無意中引發孩子的罪惡感。孩子不會不知道父母的辛苦與愛意，父母過著怎樣的生活，他們都看在眼裡，也會心疼，並想著：「爸爸媽媽為了我這麼辛苦，我也應該要盡力做好我該做的事。」

即便父母說沒關係，也對孩子沒有過多的期望，孩子仍會擔心，如果他真的按照自己的想法去做事，父母會不會失望。在孩子的自我認同尚未完全穩固之時，他們會怕事情一旦出錯，自己負擔不起責任。於是，即使心中想著「這樣做應該沒問題的」，他們仍舊不夠自信。

這時，孩子就會開始自我責備。他們不想失去父母的認可與關愛，甚至迫切渴望認可與關愛。因此，當孩子優先考慮自己（self）的想法和感受時，他們也害怕這麼做

會與父母疏遠或讓父母失望。每當孩子心裡出現想做的事，他們都會覺得自己是個「不知孝順、忘恩負義的人」，或認為「我雖然不喜歡，但想到父母這麼辛苦，我當然也要忍耐，乖乖去做父母想要我做的事才行」。換句話說，當孩子想要的與父母的期望相互矛盾時，孩子就會開始責備「想要按自己想法行動的『我』」。

但人類的基本心理需求是非常強烈的，卡爾・古斯塔夫・榮格（Carl Gustav Jung）曾說過：「無意識終將是我們的一部分。」隨著年齡逐漸增長、心智逐漸成熟，人類會越來越渴望以自我為中心來行動，即使父母的期望仍以「應該要做到……」的形式留在自己心中，甚至就連「我」也鞭策自己：「你要做『該做的事』，而不是做你『想做的事』。」內心的渴望也不會就此消失；而僅僅憑藉著他人認為「應該要做」的期望去行動，自己心裡又會不情願。像這樣，拚命責備自己，卻也無法甘願行動，就是人會因為自我責備而產生拖延行為的原因。

人類的行為既由「父母」這個外在因素決定，也由個人內在因素決定。「自我決定理論」（Self-Determination Theory，簡稱ＳＤＴ）便可用以解釋這個概念[10]。我們無法將行為的動力來源直截了當地歸類於外在因素或內在因素，這兩者是相輔相成的。假設在考慮是否要行動、要如何行動時，外在因素占了七成，而內在因素占了三成，則自我對結果的影響是較少的；如果內在因素與外在因素呈現六比四的狀態，則內在自我對結果的影響是比外在環境多的。在社會科學領域的研究中，學者們一致認為：自我決定是人類幸福的關鍵。

不過，要想確保自我決定並不容易，首先，想要區分外在因素和內在因素就不是件簡單的事。這究竟是父母的期望，還是我自己這麼以為而已？如果我心裡認為「我應該幫助父母」，這個想法的根源是來自父母，還是來自我自己？若想準確判斷出個所以然，最終可能會像「先有雞還是先有蛋」一樣，變成一個難解之謎。

再者，想要一味只遵從父母的想法也有難度。就像孩子依賴父母，父母也一樣，尤其是當他們發現從前乖巧順從的孩子長大後變得可靠後，便會漸漸開始依賴孩子。除此之外，世界變化快速，父母也需要借助孩子來適應新文化，儘管孩子會因為可以幫助父母而高興，但看見父母弱勢的一面，也不免生出「我應該要站出來為他們做點什麼」的想法。這時，孩子也就無法再一味地依賴父母，父母也開始會說：「你按照你的想法做就好了。」

話雖如此，每當孩子按照自己的想法行動，心裡仍舊會有壓力，因為孩子能感受到父母嘴上說沒關係，但心裡顯然有某些期待；孩子也擔心，如果嘗試遵從自身想法行動但卻失敗了，自己會沒辦法承擔後果。到時候，這不僅是「我」的失敗，也是父母的失敗，甚至會害父母沒面子。然而，即使孩子一邊逞強地說「那又怎樣，我就是這個樣子」，一邊鞭策自己，也依舊難以讓自己行動起來。試著想像一下，鞭打已經受到驚嚇的馬，能讓牠打起精神奔跑起來嗎？反而會讓馬畏縮或逃跑吧？雖然說如果打到牠流血，牠一定會動起來，但那個場景也會非常殘忍。人也是一樣，當壓力層層堆積在眼前，我們是無法向前走的。

我們要重新關注「自我決定」，需要找出在痛苦中逐漸遺忘的「內心真正想做的事」。即便被壓力和恐懼所掩蓋，「自我決定」仍在我們心中閃爍著微小光芒。換句話說，有助於發展自我決定的內在根源，其實已經存在於我們每一次的拖延行為中，以及因罪惡感而自我責備時的痛苦之中。

這段時間以來，我們在「該做的事」和「想做的事」之間搖擺不定，內心備受煎熬。為了逃避這份比預想中更難熬的痛苦，我們沉迷遊戲、逃避現實、拖延一切待辦事項，卻又因此忐忑不安。但其實，我們心裡早就知道什麼才是重要的，也知道該為重要的事物做出哪些退讓。

當我們停止自我責備，決定不再讓自己痛苦不堪，轉而探尋被罪惡感掩蓋的情緒訊號後，漸漸地，就可以選擇「我」要做什麼、不要做什麼。「認識你自己」，蘇格拉底（Socrates）說的這句話，並不是要我們意識到自己有多麼無知，而是在告訴我們：每個人都有足夠的能力瞭解自己，並體悟其中真理。

放棄迎合他人的標準

任何事都有長短利弊。每個人都希望得到他人正向關懷，但這種認可需求有時會導致自我犧牲。正向關懷和認可需求都是在個人成長過程中不可或缺的重要養分，人本主義心理學家卡爾．羅傑斯（Carl Rogers）認為，人天生嚮往自我實現。每個人都擁有自我實現的生命力與潛力，就像植物會開花，人類也會努力展現自身的潛能。

然而，就像要讓植物開花需要滿足一些基本條件，如土壤、水、肥料和光照等，人類也一樣。而人類所需要的，便是他人的愛、接納、認可與溫和相待等正向關懷。只要無條件地持續給予愛和尊重，人就會自然地發展自我（self）。如同植物會盡可能地靠木質部吸收水分，並憑著向光性（phototropism）而彎曲生長一般，人類也會自然地渴望他人的正向關懷。

假如父母或老師稱讚了認真讀書的孩子，「你好用功啊，我們家小孩如果可以像你一樣該有多好？太乖了。」如果是重視的長輩說了這樣的好話，孩子就會意識到讀書是值得被鼓勵的行為。雖然「因為用功讀書，所以被稱讚」是好事，但這也會引起負面效果，讓孩子以為玩樂或休息的「我」就無法得到認可和讚美。

甚至還可能會演變為「只有用功讀書的我才值得被稱讚」，這樣一來，孩子會逐漸捨棄自身的需求和價值觀，轉而迎合自己重視的人所認可的觀念與行為，這就是所謂的「有條件的自我價值感」（conditioned self-worth）。

受了委屈時，孩子其實是想哭鬧撒嬌的，但因為大人不允許，所以只能強忍著。於是，忍耐成為了孩子的日常。想出去玩，不行，要忍住，要把作業寫完；想玩遊戲，還是不行，要忍住，要把書讀完；想要一個人安靜待著，不行，大人過來時還是得保持禮貌、乖巧作陪。當然，在這個過程中，孩子會逐漸調整自身行為，藉以適應社會。但這也等於孩子在迎合他人標準之際，一併犧牲了自己的需求。

如此一來，在孩子的視角中，唯有用功讀書才能體現自己的價值，想休息的「我」、堅持不下去的「我」都是大逆不道的罪人，這樣的「我」一無是處。尤其是當父母的愛或身邊人的認可是有條件的時候，孩子為了獲得他人的正向反應，會更加忽視自己內心的感受和想法。這種有條件的價值感，將影響個人的自尊心與自我實現的本能，壓抑孩子想要實現自我價值的渴望。

「我很焦慮，但又覺得自己沒資格焦慮。我不想做這件事，但我好像沒有辦法不做。」有著這樣想法的你感覺自己必須做某事，你也想為此付出行動，但卻始終邁不出第一步；你擔心別人接受不了真正的你，所以你壓抑自我、逃避責任，但你的熱愛與興趣依然鮮明且完整地存在於內心深處。如果你總是猶豫不決，明知道該做什麼，卻因為無法付出實行而自責的話，接下來你就該正視自己一直以來忽視的願望了。

直視罪惡感，釐清真正重視的價值觀

其實，答案就藏在你的罪惡感中。「罪惡感」是讓我們專注在當下的訊號，更是檢視自己的行為與價值觀是否一致的提示。罪惡感之所以強烈，是因為其中隱含了許多關於「我」的關鍵資訊。我們往往在自己的行為與核心價值觀不一致時，才會產生罪惡感。

比如，你正匆匆忙忙要從大樓出來，發現有人抱著又大又重的東西跟在你身後，你猶豫著要不要幫他扶住門，但那天你格外地忙，所以你選擇自己先拉開門出去。雖然你沒有給身後的人添麻煩，但也沒有幫到他，而在你回頭看見那個人獨自拉開門走出來時，感到有些抱歉。

你會覺得抱歉，代表你擁有的價值觀之一便是「能幫忙就幫忙」，而當時你只顧自己的行為，與這項價值觀背道而馳，所以你感到不舒服。

在這個情況下，你可能會自責，覺得自己是個壞人，於是心情變得低落，但同時，你也可以從中得到一些關於自己的資訊：「沒想到我居然是這樣子的人？下次還是幫忙扶一下門比較好。」這麼想一想後，你的心情也能稍微好轉。如果你因為拖延而產生罪惡感，這表示拖延行為與你的核心價值觀並不一致。而每個人所著重的價值觀各不相同，罪惡感越深，這個價值觀對你來說可能就越重要。

不過，再怎麼說，罪惡感都是一種很強烈的情緒，於是有些人在感覺到自己的想法或行為是錯誤的，並因此產生罪惡感時，會習慣用自我責備的方式來迅速擺脫這種情緒。你或許還記得，小時候挨罵時因為太過緊張害怕，甚至想要大人乾脆狠狠打你一頓，這樣就可以不用再被責備。

罪惡感會讓人不堪重負、身心俱疲，當我們因罪惡感而對自己生出許多負面想法、甚至忍不住把自己想成壞人時，我們無能為力，只能眼睜睜看著這一切發生。然而，罪惡感同時也是一種指引，它提示我們，接下來的想法或行動該如何調整。

瞭解自己重視的東西，才能過自己想要的生活，從此遠離罪惡感。按照自己的價值觀行動，能夠讓我們活得更輕鬆愉快，而這些重要資訊就藏在迫使我們產生罪惡感的情境裡，如果就此逃避，便只能陷入「罪惡感—自我責備—拖延」的無限循環中。

每個人重視的價值觀都不一樣，像是「拖延可能會給別人添麻煩」代表自己希望「可以有助於人」；而擁有「做人的底線就是要勤勞踏實」的想法，則表示自己將誠實與責任心視為人生的基本品德。罪惡感之所以產生，是因為自己違背了內心重視的價值觀，良心過意不去。

罪惡感是典型的「自我意識情緒」（self-conscious emotion）[11]，會在人做了「普遍認為是不好的行為」時出現。這個行為本身可能是壞的，也可能並不是，但因為人「認為」這個行為不理想、不恰當，所以心裡產生了罪惡感。因此，罪惡感在人際關係中具有「引導人們做出理想行為」的功能，例如向別人提供幫助、同情或體諒他人[12]。

然而，此處展現的價值觀應該與「責任義務」的概念區分開來，責任義務是指「應該要……」、「不可以不做……／必須去做……」等概念，並常與強調「義務」的副詞連用，如「一定」。像「不管怎樣，一定要做到」這種加了「一定、絕對」等強調語氣，就屬於責任義務的概念，而非價值觀。

如果因為「責任義務」而產生罪惡感，人會感到挫敗沮喪，並開始去想「我怎麼會這樣」、「我為什麼會有這種感覺」，分析自己之所以失敗與心情低落的原因。人在沮喪時對原因和結果進行深入探討的思考與行為模式，被稱為「反芻型反應風格」（ruminative response style）[13]。當人認定自己一無是處、只會一直拖延，不停將注意力集中在負面情緒與不理想的結果上，便會導致負面想法在腦中盤旋，並不斷加深挫敗與無力感，最終陷入惡性循環。

價值觀並不是責任義務。價值觀隱含著「慾望」，並伴隨著「想要……」、「想成為……的人」的想法，常與「如果可以的話、盡量」等溫和寬容的副詞連用。價值觀與自我認同有關。如果將「責任義務」包裝成「自我認同」或「價值觀」，卻因為沒有做到某事而自我責備，這就是不對的。

「我想『盡可能』地成爲一個誠實的人，哪怕只是一點點，現在的我都要『盡量』行動起來。」

成為相信自己的人

現在，聽聽自己內心的聲音吧。在自我責備的言語背後，其實隱藏著「我希望自己變得更好」的心願。那麼，你希望自己成為什麼樣的人呢？

因為自我責備而拖延的人，其實是期許自己能被認定為優秀的人，對他人有所幫助。但面對任務時的恐懼促使他們想逃跑，導致他們並不是以「促進焦點」（promotion focus）為方向，努力去達成「表現好」、「成功完成任務」的目標，而是以「預防焦點」（prevention focus）為主，盡量避免給他人添麻煩，並厭惡失敗[14]。

當這樣的迴避型需求被滿足，他們獲得的不是成就感，而是一句「好險」中帶著鬆了一口氣的慶幸——慶幸最糟糕的情況沒有發生。他們不是在圓滿完成任務與進一步自我成長的情境中得到滿足感，而是在避開危險並感受到恐懼消失的狀態裡重獲安全感。事實上，自我責備得越狠的人，越不容易因為成功而感到快樂[15]，這就是因為他們的行動焦點在於迴避型需求。如果實現的是自己真正想要的，自然就會感覺到安心與充實。而你真正想要的是什麼呢？

「我希望能相信自己，相信我是個優秀的人。」

「我希望能為自己感到驕傲。」

「我想要愛我全部的樣子，不論好壞。」

你有沒有想過，如果成為一個無論如何都相信自己的人，會怎麼樣呢？如果可以擁抱自己的缺點、滿足於此刻的自己，又會是什麼感覺？試著想想被掩蓋在迴避型需求背後的「成長動機」（growing edge）吧。在我們努力突破自身的能力邊界，盡力完成任務並有所成長之際，這份隨之而來的安心感與滿足感，就是我們要邁向的最終目的地。

第4章

拖延病類型三：抗拒現狀

在我對自己失去信心的瞬間，

全世界都成爲了我的敵人。

——拉爾夫．沃爾多．愛默生（Ralph Waldo Emerson）

自主性被剝奪讓我們萌生反抗情緒

「啊，好煩！現在心情太差了，根本沒辦法好好做事。」

人在職場上，有時會為了反抗強勢的主管而產生拖延行為。當人處於階級關係中，屈於具有威權的上位者如父母、主管的壓力下，被迫執行某些任務，容易產生抗拒、消極怠工的情緒。且為了不被指責，表面上假裝自己正在完成被交付的任務，但實際上卻在做其他事情，將真正重要的事一拖再拖。

因為這並不是我們自願想做的事，所以沒有積極完成的動力。我們不知道為什麼要做手上這件事，也不認同它的價值；會勉強去做，只是因為受外在壓力所迫，所以，我們毫無行動意願，只會找理由拖延該做的事。而人一旦產生抗拒情緒，「找理由拖延」這件事簡直輕而易舉。

事情變得沒有意義，是因為將這件事視為別人的事。如果把自己的工作當作是「被他人要求的事」，自然很難投入熱情。「即使努力工作，也只不過是為他人作嫁衣，自己一點好處都沒有」，基於這種想法，對現狀有抗拒情緒的人會認為自己是在「有策略性地拖延任務」。

他們會認為，與其在認真工作後因為主管的指示朝令夕改，或客戶臨時提出改動要求，就必須全部推翻重做，不如一開始就選擇拖延。但他們拖延之後的結果經常是「被截止時間追著跑」，最終不僅仍然要完成工作，還會陷入比一開始更煩躁與匆忙的狀態，而這股壓力也會加深他們的抗拒感。

對於有強烈抗拒感的人來說，「自主性」是最重要的。自主性的概念出自於心理學家瑞安與德西（Ryan & Deci, 2000）的「自我決定理論」（self-determination theory）[1]。不論是青少年的學習心理學，還是職場中運用到的組織心理學等，各個領域在解釋「個人動機如何在個別事件中被激發」時，都會引用到「自我決定理論」。根據「自我決定理論」，人有三個基本心理需求，分別為「自主性」、「勝任感」與「歸屬感」。

所謂的「自主性」需求，是指我們希望自己在任務中有「掌控權」，包括可以選擇是否想要負責某項事物的「選擇權」，以及能否按照自己的方式完成任務的「個人原則權」。

如果可以在眾多任務中選擇最符合個人喜好的事物，並在自己希望的時間、按照自己的原則方式去完成，自主性需求就容易得到滿足。但就連小學生都知道，即使不想寫作業，也沒辦法真的不寫。所以說，百分之百滿足自主性需求的情況，只存在於理想之中。

「勝任感」需求是指人希望可以在所屬群體中嶄露頭角，因此，我們會期許自己有好的表現，具體的例子如：我們會期望因執行任務而受到認可或讚賞。當我們在特定領域得到他人稱讚，被認可「我」比別人更優秀時，勝任感需求就會得到滿足，若還能因此出名，更是錦上添花。

最後則是「歸屬感」需求，指的是我們會希望在完成任務的過程中，感受到自己與他人的連結，以及融入團體的歸屬感。這並不是「想要獲得某些東西」，比如認可或升職，而是渴望感受到安定的人際關係。例如，雖然與同事稱不上是朋友，但仍可以在工作時互相信任，並在克服困難的過程中感受到同事情誼。

心理學家指出，當這三種需求同時得到滿足時，就能夠最理想地激發出人完成任務的動機。可想而知，這種情況極為稀有[2]。不過值得慶幸的是，只要根據每個人的性格與價值觀，滿足三者中的一部分需求，也可以激發動機、創造行動力。假設你討厭現在的工作，但因為和同事相處融洽，而願意堅持下去，那麼你就是一個歸屬感需求強的人。

這一章的主角也就是因強烈的抗拒情緒而拖延的人，很有可能是以自主性需求為第一優先。當他們覺得掌控權和個人原則受到侵害，行動的動力就會消失，並出現拖延行為。此時的拖延可以看作是一個手段，好讓他們找回被剝奪的自主性。畢竟，雖然必須完成任務的環境與執行方式都是他們不滿意的，導致自主性需求無法被滿足，但至少拖延這個行為可以由自己決定。

而人在決定拖延之後，會感覺自己暫時得到了掌控感[3]。像是一邊假裝工作，一邊打開社群媒體的頁面做別的事，心裡想著：「哼，你要我做這件事，我才不做呢！」以這樣的心態來反抗現狀，彷彿這樣就可以報復強勢蠻橫的主管，並從中得到一點爽快感。

但問題在於，透過拖延獲得的掌控權只是暫時的，我們也不樂見自己為反抗而反抗、整日只會混水摸魚的模樣。那「我」真正想要的是什麼呢？藉著這個問題，我們可以再審視一遍自我，從牴觸現狀的情緒中抽離出來。

假如因為不想為他人作嫁衣而拖延手上的任務，結果截止時間逼近，還是得匆忙完成該做的事，這不是讓人心情更鬱悶了嗎？這並非是要你無條件忍受與不合的成員共事或接受壓力大的任務，更不是要求你即使得不到認可也必須拚命付出。而是在你為了反抗現狀而拖延時，要想一想這樣的拖延行為究竟是真的對自己好，還是反而讓自己吃虧？

情緒化思考與內在監督者的拉鋸

「到最後不都還是要做，有什麼好拖延的？」當有人這樣問時，抗拒感已經很強烈的人會很暴躁地回答：「這我也知道啊！但我現在就是不想做嘛！」當人以拖延的方式來反抗不滿意的現狀，代表他陷入「熱認知」（hot cognition）的狀態，也就是「情緒化思考」[4]。

這與利用過去經驗和現況資訊進行理性判斷的「冷認知」（cool cognition）正好相反。當人處於冷認知的狀態下有助於集中注意力和用功學習；而在熱認知的狀態中則容易受情緒驅使、變得偏激，讓情緒化的念頭占據主導地位。當人被抗拒感、煩躁、憤怒所支配，最典型的反應就是脫口而出一句：「不然要怎樣？」這種時候，人當然很難冷靜地思考。而熱認知反應與大腦的邊緣系統（limbic system）活化程度有關[5]，也就是說，「因為抗拒現狀而拖延任務」的現象，並不是單純因生性敏感，而是處於熱認知的狀態下，難以做出理智判斷的緣故。

幸好，熱認知狀態不會一直持續下去。雖然有研究報告指出，嚴重憂鬱的人主要是以熱認知來思考[5]，但在一般情況下，人就算被強烈的情緒包圍，也能夠隨著時間推移逐漸恢復理性，到那時正是一個好機會，可以重新思考是否要繼續拖延。你可以問問自己：以報復性的拖延行為來反抗「自主性被剝奪」這件事，真的對我有利嗎？

在恢復冷認知的狀態後，就能夠輕鬆判斷拖延帶來的得失利弊。但此處有兩點需要注意。首先是「對不公平的執著」，一旦認為當前情況不公平、讓人不服氣，委屈的情緒便會油然而生，使人再度陷入熱認知的狀態。當然，被逼迫去做某些事，會心生不滿是正常的，但若是一味耽溺其中、不斷反芻那些不適感，便難以冷靜地權衡局勢。與其過度專注在不公平的感受上，不如聚焦於「我」會因此失去什麼、又可以得到什麼，對解決拖延問題更有幫助[6]。

另一個需要注意的，則是「內在監督者」的聲音。當人因為抗拒現狀而拖延，內在監督者就會出現，幫助自己正視情況。

在抗拒情緒強烈的人想著「好煩，不想做」時，他們的內心會出現另一個聲音冷靜地反問：「但你還是得做，對吧？」雖然一個人的內心有兩種相互對立的聲音聽起來很可笑，但我們每個人都有所謂的內在監督者，哪怕是為了反抗現狀而拖延的人，也會對自身的拖延習慣感到慚愧。那麼，如果我們當初是為了反抗威權，才採取策略性拖延的手段，又為什麼會在拖延之後愧疚後悔呢？

提出心理動力學的西格蒙德．佛洛伊德（Sigmund Freud）將人的精神分為自我、超我與本我。自我是人在普通情況下可以意識到的精神狀態；本我則反映了更深層的「無意識」，人因為抗拒現實而拖延的模樣，就是本我肆無忌憚追求慾望的表現；而超我則注重原則規範與責任。

我不喜歡，
好煩。我才不要做，
真的很不想做！
就算不想做，
還是得做啊！
再拖下去只會代表你
既沒用又懶惰而已！

內在監督者

人的精神狀態穩定時，主要由自我主導，而當情結（complex）受到刺激或經歷壓力，隱藏在無意識層面的本我就會瞬間蹦出來，試圖滿足原始慾望。比如平時性格溫順的人忽然大發脾氣或變得幼稚、愛鬧彆扭；喝醉酒的人自我的影響力會減弱，行動上則被本我控制。

本我就像小孩子一樣，當本我試圖跑出來，超我會感知到這份躁動不安並出現。因為放任本我恣意妄為的話，會受到社會的「懲罰」，於是超我這個有影響力的監督者便會出動，好好管教這個調皮闖禍的小孩。

要是我們因為對情況不滿，而在不適合的場合像小孩一樣發脾氣或鬧彆扭，就容易被團隊排擠，或被貼上不成熟、不得委以重任的標籤。雖然說，在面對讓自己產生抗拒感的環境時，誰都會有想逃跑的衝動，但此時超我會堅持原則與規範，制止這樣的突發行為發生。而在追求原始慾望的本我與堅持原則規範的超我相互較量、彼此對抗，並因此達成某種平衡後，人便可以回歸自我的狀態。

於是，人在拖延時以「不知道，隨便啦」的心態來抗拒現狀，內心卻有個聲音勸說著自己：「那還是得做啊！」這個聲音的來源便是超我派來的內在監督者。只要任性的本我沒有退回無意識中，監督者的聲音就會一直存在，直到兩邊都各讓一步，這場對抗才會結束。

厭惡現狀的想法，隱藏著對改變的渴望

當本我不斷躁動與反抗，而監督者又持續以公事公辦的態度要求自己行動起來，人便會一直處於壓力之中。心理動力學家認為，本我與超我的對立會使心理問題轉化為「身體化症狀」（somatization），如莫名的頭痛、腹痛等[7]，或是像考試當天肚子痛、

和別人吵架時突然因為頭痛而迴避衝突等，都屬於身體化的情況。

想要阻止本我與超我之間繼續對抗，藉以回歸自我的狀態，並以冷認知判斷當前拖延的得失利弊，首先要先安撫本我。因為孩子越是頑劣地發脾氣，父母就只能越強力地管教。

要記住一點：本我和超我的存在，各有它們的用處。本我忠於原始慾望，因此有強大的力量可以驅使人去爭取想要的東西；而超我則相反，超我存在的用意是避免本我過度放縱、造成麻煩，並使人遵守文明社會的準則與規範。而人平時的理想狀態，便是這兩種性質不同的「精神我」相互作用所達成的平衡。

當躁動的本我安定下來，超我這個監督者也會退後一步，要安撫本我就要像哄一個生氣不滿的孩子，需要溫柔與耐心。這時，以不同的角度來思考現狀會是一個不錯的方法，例如問問自己：「現在不想上班嗎？那你現在想做什麼呢？」

「想辭職，然後去旅行」、「想中樂透」、「想重新投胎成富二代」等，以這樣的方式，讓本我將抗拒現狀與不滿的情緒想法發洩出來，人就有機會思考自己真正想要改變什麼。當監督者在一旁勸說與責備時，是很難有這種機會的。聽完本我這個孩子的抱怨後，再溫柔安撫他，直到他平靜下來，監督者也會不再強硬，雙方最終恢復平衡狀態。這時，我們才能回歸自我的狀態，以冷認知來思考。而「討厭現狀」這個想法，其實隱含著「改變」的渴望。

「我想要擁有更多選擇。」

「我希望自己與那位主管說話時可以更自信一點。」

「我想在工作中有所成長。」

「我想得到團隊的尊重。」

「我希望我的付出被認可，所做的貢獻也能夠得到保護。」

抗拒現狀而拖延的人並不是真心想要推遲任務進度，也不是想藉由偷懶摸魚的方式來滿足自主性需求，他們真正渴望的，是恢復自我決定的掌控感。雖然因為一時的負面情緒過於強烈，導致這些渴望被掩蓋在一聲聲「好煩，不想做」的喧囂之中，但我們只要花一點時間觀察、思考，就可以發現自己真正期盼的改變，並找到方向和目標。瞭解自己的渴望，才能評估拖延這個行為對「我」的好處與壞處，以及是否有助於達成目標。

反抗型拖延所造成的長期弊害

以拖延來表達對現狀的不滿，可以得到一時的爽快感。在團隊中不喜歡某個成員，於是乾脆進入拖延模式，只做最低限度需要做的事，能不幫忙就不幫忙，好讓自己做的事越少越好。畢竟，就算努力付出、得到好成績，最後還是得與其他人共享成果，總感覺像是在幫別人做事一樣。

反抗型拖延是一種偷偷摸摸的抗議方式，也是挑戰父母、主管等上位者的表現。面對強勢高壓的主管傳訊息，故意很慢才回覆；在完成任務時，如果沒有被催促，就一直拖到壓線前的最後一刻，交出去的成品也只是敷衍了事……以類似的方式來反抗奪走自主性的人事物，哪怕這只是逞一時之快，卻能夠讓人感受到主導權與暢快感。

當這種傾向變得強烈，心理學稱為「被動攻擊型人格」（passive-aggressive）。與主動攻擊型相反，擁有被動攻擊型特質的人不會直接表達不滿，而是傾向私下隱密地展現敵意。例如，當他們被朋友傷害，會在對方特地拜託自己幫忙時佯裝關心、傾聽的樣子；實際上，在回應是否給予幫助時卻一拖再拖，不給對方明確的答覆，或以忙碌為由避而不見，以此投射敵意、發洩不滿。

雖然這麼做，可以因為偷偷報復成功而一解心頭之恨，但可想而知，長期下來以被動攻擊的方式待人處事，很可能會導致人際關係破裂。具有被動攻擊型特質的人真正期望的，是希望朋友能夠為「傷到我的感情」這件事向自己道歉，但因為自己私下的報復心，雖然得到一時的痛快，卻失去了朋友，反倒得不償失。

人為什麼要偷偷摸摸地表達抗議呢？有研究結果顯示，這類人的家庭通常採威權式教育，或是在學生時期經歷過嚴格的住校生活、在運動代表隊遭受體罰等[8]。在這樣的成長環境下，他們無法自由地表達意見，也不被允許擁有不滿的情緒，直接表達出不服氣，只會受到管教者的懲罰，所以才會開始嘗試各種取巧的方法來發洩自己的不滿。

雖然在不同人身上，被動攻擊型特質的程度有所不同，但為了反抗而拖延的人想法卻大同小異。「如果老師謾罵我，我頂嘴了，害爸媽被叫來學校怎麼辦？」、「假如主管對我言語攻擊，我回了他幾句髒話，結果不只影響考績，還被主管帶頭排擠怎麼辦？」因為恐懼可能發生的結果，導致他們難以直接地反抗現狀。

儘管如此，採取被動攻擊的手段來反擊與應對，卻會出現問題。例如，以被動攻擊的方式對抗現狀，並藉此拖延，將對人際關係造成傷害。根據某間大型企業的調查結果[9]，有二七%的上班族將「拖延」視為職場必須根除的惡習。簡單來說，長時間藉由被動攻擊來進行反抗，一起共事的夥伴也會因此心生不滿。最初反抗的對象可能只是處處刁難的主管，但在拖延一些工作事項，並逐漸影響到團隊同事和下屬後，也可能會連帶產生摩擦與衝突。而當職場人際關係出現問題，立足職場所需的社交資本也會跟著減少。

長此以往，將導致團隊裡支持自己的人減少，令人不愉快的事卻增加，工作狀態也每況愈下，拖延最終變成了習慣。若是初入職場的大學生養成這種拖延習慣，可能就會形成工作倦怠，並且難以適應新環境[10]。

更令人遺憾的是，藉由拖延來表達反抗，雖然可以逞一時之快，但其實在這個過程中卻不怎麼舒服。心理學家所羅門與羅斯布魯姆（Solomon & Rothblum, 1984）[11]將拖延定義為「非必要地推遲必須完成的任務，直到主觀上感受到不舒服」的行為。

就好比說，你為了不讓討厭的主管稱心如意，就放著手上的工作不做，偷偷玩社群媒體，或是故意在洗手間待很久。但同時，這些行為也導致你無法盡快完成任務，享受工作結束後的悠哉時光。事實上，你還會因為怕自己什麼都沒做的事實被發現，心裡忐忑不安，再加上截止時間逼近，只能被壓力追著跑。從個人能量的角度來看，這是一種損失，因為隨著內心的不適感增加，身體化症狀也將隨之而來，像是頭痛、腹痛、失眠等，使得整體狀態變差，最終只會更加疲憊不堪。

習慣帶來的累積效應也不可輕忽。根據美國、英國、土耳其、委內瑞拉等多個國家的調查顯示，二五％的上班族曾因為習慣性拖延而遭受經濟損失[12]。

例如，因為不想見到討厭的上司或同事，於是拖延出門的時間，結果害自己花了原本不必要的計程車費，還晚進公司，拖到準備資料的時間，導致開會遲到，違反了公司規定，被公司罰錢；又例如，因為不喜歡某一門課的教授，於是拖延了重要的作業，最後來不及寫完就交出去，導致必須重修，不僅感覺很丟臉，還要付一筆莫名其

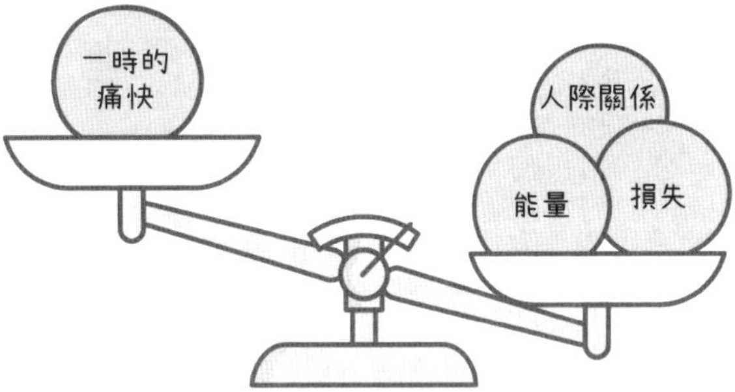

反抗型拖延的機會成本

妙的暑期重修費。這些都是拖延行為帶來的各種經濟損失。

停止情緒化的本我與內在監督者之間的對抗，可以省去不必要的損失；為真正想要的目標行動，則可以更有效地投入精力，減少不必要的能量消耗。

即使現狀無法盡如人意，還是可以找出自主選項

我們已經知道，對於抗拒情緒強烈的人來說，滿足自主性需求是最重要的。那麼，該如何在避開本我與內在監督者發生衝突的前提下，滿足這項需求呢？我們可以試著回想，

自己處於冷認知狀態時所希望達成的目標。「拖延」不是我們渴望的「成果」，只是反抗威權的取巧手段，只有當我們達成真正想要的目標時，才能滿足自身的自主性需求。

而想要達成目標、滿足自主性需求，就必須恢復自己的掌控權與原則。你可以想一想：一直以來，你因為情緒化而陷入熱認知的狀態，將掌控權用在「拖延」上，這的確是一種選擇，甚至如果太過反感現狀以致無法忍受下去，你也可以選擇完全放棄手上的任務。然而，放棄並不能實現目標。既然如此，你可以做哪些選擇來發揮自己的掌控權呢？

做為替代方案，你可以透過冷認知系統來衡量自己的現實條件與可選擇範圍。雖然你不喜歡被上位者交付的工作或任務，也不喜歡周遭的同事及夥伴，但為了反抗而反抗，將該做的事一再拖延，卻又不是你樂見的。那麼，在這樣的現狀中，你可以控制的是什麼？

雖然你受現實所迫而不得不加班，但至少你可以選擇在哪裡加班；雖然這個案子不是你的興趣所在，但你可以選擇要和誰一起完成；雖然被分到了大家都不想做的工作，但因為你是負責人，就可以決定工作的範圍與進度。

一味抱著「討厭，不想做」的負面想法不放，就像把黑色顏料摻入自己的腦中，將其攪和得混濁不堪，連自己要做的事都不願意花時間思考，最終只能拖延。但如果發現自己有可以選擇、介入或決定的地方，不只心情會舒暢一點，還可能因此感受到希望。換個角度思考總是能帶來驚人的結果。

試想一下，當我們進入購物中心的那一刻，頓時就能感受到華麗的燈光、令人心情愉悅的音樂與香氣，對吧？購物中心之所以講究環境的營造，而不是只注重在銷售商品上，其原因在於，如果顧客心情愉快，購買商品的可能性就會增加[13、14]。一瞬間的心情與情緒，對決策有極大的影響，就像不論是逛街還是旅行，心情好時總是容易花錢購物。

反過來看，當我們因為某項人事物而觸發負面情緒，便會本能地想遠離當下的環境或對象，此時，人不僅會牴觸引起自己負面情緒的媒介，還會認為與這個人事物相關的結果也同樣會是負面的[15]。例如，有人會這樣想：因為手上的工作是被迫接手的，所以即使努力去做，也不會得到稱讚。

其實仔細想，被拖延的任務本身並沒有那麼討厭，反倒是因為交付任務的人或當下環境讓人厭惡，所以才會促使拖延行為發生，加上為了反抗而拖延的人會預先對任務成果抱持負面態度，因此武斷地判定這份經歷對自己的職業生涯沒有幫助。

若想找回對工作任務的好感，就要先找回掌控權，這種時候就必須「發現可掌控的地方」。我們可以試著回顧目標，並決定自己要如何利用當下的局勢來達成目標。

假設你的目標是「在主管面前更勇於表達想法」，但公司卻奉行嚴格的上下級式管理，於是，有時主管甚至會請你辦一點私事。那些私事雖然不是你工作分內之事，但你是下屬、他是上司，而他又好惡分明，如果讓他不高興，對你而言會很麻煩，因此，你很難斬釘截鐵地拒絕他。

「明明就不是我的工作，卻要我花時間處理，還擺主管的架子給我看！」雖然你會忍不住產生這樣的牴觸情緒，但仍舊要拉回注意力，專注在目標上。主管要求的這件私事並沒有嚴格的完成日期，所以你可以彈性安排自身的時間。

「好的，經理。但我星期三有一個重要的企劃案要交，我可以星期四午休時幫您

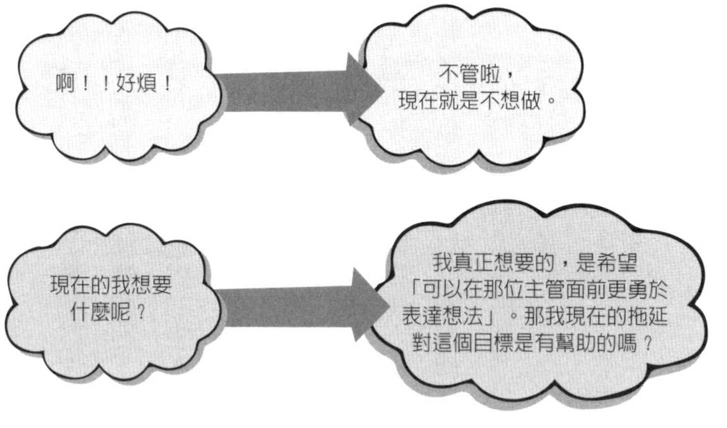
啊！！好煩！
不管啦，
現在就是不想做。
現在的我想要
什麼呢？
我真正想要的，是希望
「可以在那位主管面前更勇於
表達想法」。那我現在的拖延
對這個目標是有幫助的嗎？

為了找回自我掌控感而轉換想法

做這件事嗎？」

當你分析拖延的原因，會發現你並不是討厭任務或行動本身[16]。也就是說，拖延並不是因為任務困難或辛苦，而是取決於你被交付任務時的情境。

即便是幫助討厭的主管處理私事，你至少可以掌控執行的時間，告知主管，你還有更重要的公事需要先完成，以此來達成「更加自信」的目標。選擇午休時間而非下班後的時段，將處理主管私事的時間限制在下午工作開始前，這也是一種掌控方式。放任自己耽溺在情緒之中，只會讓你一邊拖延，一邊感覺自己受到不公平的待遇而委屈。但像這樣表明立場、劃分界線，你反倒因為可以表達自己的意見，而從中得到掌控感。

恰當且聰明地根據情況追求目標，可以盡量避免因為抗拒感而拖延，使自己陷入被截止時間追著跑的壓力之中。長期研究憂鬱症的心理學家指出，不斷積累的負面情緒與想法，正是導致慢性憂鬱難以治癒的原因[17]。

情緒是瞬間的反應，先於一切發生，因此人在負面情緒中很難做出明智的判斷。越是沉浸在由情緒主導的想法和判斷裡，負面情緒就越濃烈、持續的時間也越久，比如當人因抗拒感而不斷拖延，煩躁、羞愧、委屈等更多負面情緒皆會隨之而來。誰都不想為了反抗威權將自己推入痛苦的情緒深淵，對於因為抗拒感而拖延的人來說，他們真正想要的，只是盡可能保護自己的掌控權與個人原則，並藉此找回自由。

三步驟，與自己的負面情緒和解

如果想要選擇適合的行動，幫助自己自發性地追求目標，就要先學會調節不自覺產生的抗拒感。通常，大多數心理問題的關鍵是「情緒調節」，因為在強調和諧順從的社會文化中，負面情緒往往是被壓抑的。

被壓抑的情緒必然會在意想不到的地方爆發[18]。例如，平時在職場上謹慎保守、乖巧順從的人，某天卻突然發火，然後直接辭職；從小到大都是模範生的孩子突然與父母斷絕往來等等，這樣的例子並不少見。因為對這些人來說，就算把負面情緒表達出來，也不會被他人接受，所以才選擇悶在心裡。然而，情緒累積到一定程度的時候，就會像隨時可能爆炸的氣球，一旦達到極限，終將有爆發的一天。

為了不讓氣球爆炸，我們必須在新壓力產生時，打開吹口，一點一點地消氣。如果一口氣把全部空氣放掉，氣球就會「咻——」地飛走；同樣地，當人突然暴怒，不但會被周遭的人貼上無法控制情緒的標籤，還會受到社會的處罰。因此，情緒調節很重要。根據格拉茨與羅默（Gratz & Roemer, 2004）[19]對情緒調節的研究，我們可以知道，所謂的幸福感是由人們日常感受到的情緒種類（正面及負面）、強度、頻率與持續時間加總後的結果。

若可以長時間、高頻率地感受到振奮、喜悅等正面情緒，幸福當然輕而易舉，但除非每天都中樂透頭獎，否則是不可能的。想要維持日常生活的幸福感，必須盡可能地多接觸正面情緒，同時減少負面情緒。因為抗拒感而不斷拖延的行為，則會讓人一直沉浸於負面情緒中。

調節負面情緒有所謂的三步驟，很簡單，分別是覺察、接納、轉換[20]。第一步的「覺察」（aware），是要意識到讓自己選擇拖延的抗拒感。有許多人都是在不清楚自身內心感受的情況下草率做出決定，覺察力不足的人經常以單純的煩躁或疲勞為藉口，來否定各種負面情緒。他們會這樣說：「我狀態不好，所以做不了事。」

正如本書開頭強調的，導致人們拖延的情緒根源在於焦慮，在焦慮之下還埋藏著其他情緒（如：對不公威權的憤怒、忌妒、委屈、厭惡），我們需要覺察這些情緒，才能避免自己陷入熱認知的狀態，並善用冷認知系統判斷何時需要做出明智的選擇。

覺察之後，第二步便是「認同自己的情緒」（accept）。在其他心理治療法中或稱為「接納」或「容許」，是與「壓抑」、「逃避」相反的概念。也就是說，要容許自己憤怒、容許這樣的情緒存在於自己身上，不去定義情緒是好還是壞，也不去批評自己該不該如此敏感。認同自身狀態，讓這些情緒自然出現、再自然消失，便可以脫離熱認知的狀態，而不被負面情緒吞噬。

最後一步則是「轉換」。在調節負面情緒的第一步，我們已經將情緒視為訊號，藉此覺察到當下的情況需要自己有所介入；而經過第二步，我們告訴自己：「我可以有這樣的情緒，沒關係。」我們接納、安撫了這些情緒。那麼，最後就是要採取與目標方向一致的行動，藉此來轉換負面情緒。這一步在心理學中稱為「承諾」（commitment），在本章中指的便是「自發性地追求目標」。回到之前舉過的例子，你真正的目標不是發洩怒氣，而是「在主管面前變得更勇於表達想法」，當你針對「更勇於表達想法」的目標行動，情緒就會得到轉換，你也會因為對自己有了掌控感而產生更多自信。

為了自發性地追求目標，第一步的覺察和第二步的接納是必要的，只要經過第一步與第二步，第三步的轉換其實不難。如果「我」想要達成目標，「我」該做什麼？又該怎麼做？透過覺察、接納兩個步驟，這些轉換階段所需的資訊，便已悄悄在眼前展開，要找出達成目標的最佳策略與相關技術也不再是非常困難的事。

以職涯諮詢為例。如果學生已經清楚了解自己的興趣、專長和價值觀，就比較容易找到相應的幫助，或獲得幫助的方法。然而，如果學生連自己喜歡什麼、擅長什麼都不知道，情況又會如何呢？他們可能會感覺自己喜歡、想要某些東西，但卻在不清不楚的情況下，選擇了父母希望自己從事的職業。如果他們真的將這個職業做為努力的目標，事情的進展會順利嗎？不，他們將會受到不明所以的抗拒情緒與反覆拖延的無力感纏身。因此，即使在覺察與接納階段有所掙扎，但只要能通過這兩個階段，走進第三步，便能消解負面情緒，並做出與目標方向一致的判斷與行動。

書寫是緩解負面情緒的最佳良方

有一種可以同時做到有效覺察和接納的方法，那就是「書寫」。將情緒寫下來，並非是為了要讓惹你生氣的人看見，或是發在社群媒體上尋求安慰。書寫情緒，是最安全的發洩方式。有時候，人會誤判書寫的效果，懷疑書寫反而會使自己沉浸在情緒中無法自拔、讓心情更糟。然而，相關研究顯示，結果卻正好相反。

書寫治療的起源可以追溯到一九四〇年代初期的「書目療法」（bibliotherapy）[21]。所謂的書目療法，是由諮商師提供能夠幫助來訪者的閱讀資料，來訪者則在閱讀這些資料後，寫下自己的見解，或透過任何藝術形式來表達想法或感受。後來，「認識自己的百問百答」等這類與自我認識相關的練習題目開始流傳，書目療法也因此普及開來。

此外，光是寫「情緒日記」，即使不閱讀資料，也可以有效減少憂鬱、焦慮等負面情緒[22]。情緒日記的寫法有很多種，最簡單的方式是記錄一天當中最強烈的情緒，並「客觀」且「誠實」地描述引發這個情緒的具體事件，以及自己當下的想法、感受與應對行為。

正常來說，因為當時的自己正在跨過心理層面的難關，所以日記的內容大多是負面的。但這不僅可以讓我們了解到，主要是哪些事情或刺激引發了自己的負面情緒，還可以透過書寫本身讓心靈上的痛苦得到部分緩解。這個效果是很驚人的。

你可以嘗試在某天被煩躁與抗拒情緒包抄而拖延任務時，把內心所感受到的、腦中所想到的一切都傾注於文字中，就算寫得雜亂無章也無妨，不必有「寫得這麼爛也可以嗎」這樣的想法。再加上，這並不是要寫給惹你生氣的人看的，所以也不用擔心會因此受到報復，或為自己招來不利的後果。

書寫時盡量保留至少三十分鐘以上的充裕時間，具體且客觀地描述引發抗拒情緒的情境、感受與當時的想法就好，不必誇大，也無須美化，只需將內心經歷的一切化作文字，充滿負面情緒的氣球便會逐漸消氣，僵硬的肩膀也能夠慢慢放鬆。

經過一番宣洩後，再重新讀一遍自己寫下的文字，也可以發現一些新的見解。被討厭的主管交付私事時，雖然當下很生氣，但自己還是盡力穩住差點氣到發抖的聲音，接受了主管的要求。現在再以第三人稱視角回頭看當時的自己，你可能會發現到，「雖然無法當面拒絕，但我那時也表示了最近會因為公事很忙，我至少也不是完全被動的。」對想在主管面前更勇於表達想法的自己來說，確實是往「自發性追求目標」更邁進了一步。

如果內心滿是負面情緒，就只能被迫專注在痛苦的感受上而苦苦掙扎，很難產生新的想法。但藉由書寫安全地宣洩負面情緒後，或許就可以找到意外的突破口。例如，因為同事能力不足，自己必須負擔更多工作，但轉念一想，自己也可以將這樣的危機，視為能夠在新主管面前展示工作能力的轉機，因為我所追求的目標不是比別人少做事，而是在團隊中獲得認可。想有助於目標達成，這類的想法就相當重要，這也是我們當下可以賦予自己掌控感的方式之一。

當我們有了與「主動想追求的目標」相符的想法或靈感，就會發現自己的抗拒感變少了。對於因為抗拒而拖延的人來說，最討厭的莫過於「為別人做事」。在他們看來，該做的事無法滿足自己的自主性需求，內心也被不公平與受委屈的念頭所縈繞，這時若一味要求他們把事情做完，反倒是一種折磨。

如果是為了完成自己的目標呢？自發性地追求想要的目標，並且可以自由選擇付出哪些行動來達成，聽起來如何？想擁有這樣的自發性，必須握有掌控權與個人原則，而圍繞自身目標去行動，便可滿足這兩個條件。即使手上的任務不是自己想做的，只要不因為抗拒而拖延，反而將此視為機會，試圖接近自己期望的目標、獲得理想的自我形象，或是得到渴望的溫暖支持與認可等等，完成任務或工作時也會更加愉快。

當你借助書寫的力量來平復抗拒感，幫助自己做出與自身目標相符合的選擇後，往後出現類似的情況時，你的覺察能力也會有所提升，更瞭解自己在何時會產生抗拒感、何時會想要拖延。而你的覺察能力一旦提升，便能夠自主地調節情緒，並且可以更快速且明智地做出符合目標方向的判斷，你將不再被情緒主導，也無須再讓自己陷入不斷拖延、最後只能匆忙趕工的痛苦之中。不論是難相處的主管、不配合的同事還是資源匱乏的環境等，在各種糟糕的條件下，你都可以透過新的角度看待事物，發現自己其實還有更多選擇。簡單來說，你對這些越熟練，你就越從容。

或許你因為任務分配不公，所以生氣，甚至可能想就此擺爛、拖延，但你可以想一想：我真正想要的，是越晚開始做事越好嗎？還是說，我更希望可以在自己的能力範圍之內盡快完成該做的事，然後專注在其他能夠帶給我成就感的事物上，或讓我有充足的時間可以享受休閒娛樂、投入興趣愛好之中呢？這麼一想，拖延對你「想實現的目標」其實並沒有什麼幫助。

因此，你需要反覆練習，在自己陷入熱認知的狀態時冷靜下來，減弱內在監督者的聲音，並重新確立目標，讓自己專注於其中。儘管這需要花上一段時間，但只要在負面情緒出現時適時覺察、反問自己，不被負面情緒所支配，就已經成功一半了。「我真正想要的是什麼？我該怎麼做才好呢？」當你向自己提出這些問題，答案其實已經浮現於你的心中。

第5章

拖延病類型四：完美主義

別為了貪圖自己沒有的事物，而毀掉現存的一切。

要記得，

你現在擁有的，亦是你曾夢寐以求的。

——伊壁鳩魯（Epicurus）

完美計畫與實際執行之間的鴻溝

或許有人會想：完美主義者也會拖延嗎？具有完美主義傾向的人追求最理想的結果，他們會為了取得優異的成績而努力不懈，藝術家、企業家、運動員與科學家……遍布各個領域的完美主義者都為了實現遠大的抱負而努力奮鬥，並因此取得了驚人的成就。然而，在這些完美主義者之中，也有會拖延的人，這些人為什麼會拖延？又會如何拖延呢？

舉個例子吧。假如，我正在準備申請一個對職涯發展至關重要的實習專案，而我要是想成功被錄取，就需要一份完美無缺的履歷與自傳。我有一個星期的時間可以準備這些資料。因為非常渴望這份實習機會，於是，我制定了一個完美的計畫，只要按照這個計畫進行，時間一定很充裕。

結果，沒過多久，星期一的計畫就被突如其來的意外打亂了，而我將那些意外的任務搞定後，就已經筋疲力盡，什麼都不想做。雖然我知道，先稍微瀏覽一下接下來

星期一　忽然要和小組成員討論下星期的分組報告，討論完回到家已經晚上十點了，今晚先休息好了。

↓

星期二　今天下了大雪，原本打算在學校圖書館完成自傳的，但感覺自己有點發燒，於是決定早早回家休息。

↓

星期三　許久不見的高中同學突然聯絡我，我們興奮地講了兩個小時的電話，還約好了下次見面。我很激動，完全沒辦法專心寫自傳，反正還有幾天的時間……「明天再說！」

↓

星期四　今天上了兩份家教課，結束之後已經沒什麼力氣了，打算做個簡單的伸展運動就睡覺。

↓

星期五　久違地和同學約好要一起過「火熱的星期五」，履歷和自傳改天再說吧。

實際執行計畫時，總有各種突發狀況

要做的待辦事項，就不會讓之後的自己手忙腳亂……但身體就是動彈不得。不如今天就先休息，明天再開始行動吧！

就這樣，轉眼間一個星期過去了。我最終定下心來，制定了一個無懈可擊的計畫，讓我能夠交出一份完美的實習申請書，而我所計畫的那一天正是今天——我期待已久的「完美星期六」。為了確保自己可以全神貫注，我仔細挑選了幾家適合讀書工作的「讀書型咖啡廳」，最後終於選定了一個滿意的地方；擔心咖啡廳冷氣會太強，我帶了一件開衫外套，背包裡也裝著滿滿的資料，另外，我還帶了行動電源與充電器以備不時之需。出門前，我特地先填飽肚子，並在外買了一杯咖啡，畢竟一提到認真工作，就不能沒有咖啡嘛。做完這一切之後，我終於來到咖啡廳，選定一個安靜的座位。

我安排這樣一個十全十美的環境，就是為了寫出完美的實習申請書，接下來，我只要詳細地將今天的任務劃分出每個小時的進度，並好好按照這個計畫進行，一切就會非常圓滿。不過……我為什麼沒辦法開始呢？為什麼我一直無法集中精神？

我想做的事很多，必須做的事也不少，而我想做好所有事情，不願放棄任何一項。我每次開始前都需要花費無止境的時間準備，即使制定好完美的計畫，但事情總是做不完。別人看到我這麼辛苦，就會要我稍微「縮小」範圍、「降低」標準，但如果我沒有這麼努力，之前就無法達成那些成就，他們的意思是要我放棄理想，只追求實際而平凡的事物嗎？我不甘心。明明只要按照這個完美計畫去做就能成功，但計畫與執行總有落差，兩者之間總是橫跨著一條難以跨越的、名為「拖延」的長河。

「完美無缺」其實只是幻想

做事一絲不苟的完美主義者並不樂意見到自己拖延計畫，有些人會要求自己：這個星期拖延的工作，今天必須全部補上。為此，他們會採取以十五分鐘為一個單位的計畫方式，詳細安排每個單位要做的「任何事」，除了寫履歷、備考多益，甚至連喝水、洗澡、洗碗等，不論是工作、學業還是生活，各種大小事都包含在內，他們寫著寫著，就會發現今天的待辦事項竟然有十三項之多。

而他們會發現，忙完各式各樣的家務，吃個飯、稍微休息後，時間已不知不覺來到傍晚，卻還有六件事沒有完成，而且剩下的都是寫履歷、準備多益這類的重要事項；

他們倏地感受到時間緊迫，心裡也開始著急起來，他們心想，現在真的該進入「工作模式」了。於是，為了寫好履歷，他們先在書桌前坐下來，把所有範本都看過一遍，他們相信，等到自己的「資料庫」累積到足夠的程度後，就能像全副武裝的士兵一樣，隨時可以上戰場。

對他們而言，做好萬全的準備才能讓他們感到心安。他們會認為，能參考的事物越多，就可以為「寫出滿分履歷」做好更精準、更完美的準備。但是，他們全神貫注地進入資料收集的模式，回過神來，已經晚上十點了，履歷才寫了幾行，多益的書還沒開始看，什麼時候才能睡覺呢？最後只能像昨天一樣，將今天沒完成的任務默默地挪到明天的計畫中，然後不禁感嘆，一天二十四小時真的太短了。

然而，我們並不需要收集完所有資料才能寫履歷，事實上，我們也不可能收集到「所有」的資料，這也不是寫出滿分履歷的必經之路，反而只會讓自己在進入正事前就已經筋疲力盡，進而拖延真正該做的事。既然如此，完美主義者又為什麼會對準備過程如此執著，並因此焦慮與備感壓力呢？這又不是要做給誰看，不是嗎？

有些人的完美主義傾向很嚴重，不論是日常瑣事還是重要事物，都必須非常精密地做計畫。雖然待辦事項會因此很長，但每完成一項，他們心中的快感無法言喻。哪怕有很多事還沒做完，但看著清單上已經完成的事項，他們的內心也會湧上成就感，並為此感到滿足。

有時，詳細而具體的計畫是有幫助的，但這種近乎全面且完美的計畫有一個問題，就是沒有優先順序。日常生活、工作、約會、休閒娛樂，把這些生活中的大小事全都寫進計畫中，表示要達成一天的計畫就不能浪費一點時間。雖然他們是出於「想做好每件事」的心態，才如此制定計畫，但只要無法完成的次數一多，身心都會因此遭受打擊而疲憊不堪。

我們的精力與時間都是有限的，包括制定計畫本身也需要消耗「認知能量」[1]。如果將每一件小事都詳細地寫進計畫，反而會消耗大量的精力，導致在面對真正重要的任務時，大腦與身體早已不堪負荷。當該做的事漸漸堆積如山，卻很難集中注意力時，強行推進計畫只會讓進度更加緩慢，彷彿在原地不斷打轉。

人在面對重要考核時，會為了得到好的評價與誇獎，或是避免負面批評與責罵而全力以赴，但不論是為了得到認可，還是害怕丟臉，都會引發焦慮。這時，有些人就會不斷地、無止境地收集資訊，而無法推進任務進度，因為他們無論如何都難以對當下的結果感到滿意。這個情況就稱作「完成拖延」或「完結拖延」。

當任務的截止時間迫在眼前，卻沒有完成任何一件事，人就會焦慮不安，並耗費更多精力去趕進度，然而最後卻仍沒有得到實際成果，這是非常令人沮喪的。

達到「完美」的那一刻非常短暫，哪怕是誤打誤撞成功，也無法長久地維持住。也因為如此，人容易為這份「完美」感到不足、惋惜，感覺似乎還少了點什麼，甚至迫切認為，或許自己再努力一點就能成功。

事實上，研究完美主義的學者們認為，「完美無缺」的狀態是不存在的[2]。即使達成目標，也做到了心目中的完美，有完美主義傾向的人也會立刻設定更高的標準與方向。他們總有一天會失敗，因此在追求完美的過程中，必定會產生負面情緒，如自我挫敗感與憂鬱等。

但儘管如此，完美主義傾向高的人擁有很強烈的成就需求，促使他們渴望做好所有想做與該做的事。如果無法完美達成，就會歸咎於自己，認為是自己無能，進而將「事物」的完美與「我」的完美劃上等號，把矛頭指向自己，這便很容易使人陷入自我責備之中，加深焦慮感。

「不想放棄任何一件事」與「一定要做到滿分，有一點瑕疵都不行」是不一樣的，其中的差異在於「義務式的思考方式」。「不想放棄任何一件事」更接近於「想做到……」的渴望、願望，而「一定要做到滿分，有一點瑕疵都不行」則是帶有「必須要做到……」的語氣，這種充滿責任義務感的語氣會帶給人壓力。義務式的思考方式會促使人產生自我厭惡的情緒，如一旦認定這件事沒有做到滿分，就會覺得「我」是一個毫無價值的人。更多關於「義務式思考方式」的說明，可以參考本書第3章「自我責備」的內容。

「渴望完美的結果與成就」與「認為必須完美才行」是兩回事。我們可以盡情追求完美，不論是在處理工作上，還是為人父母、為人子女，抑或是盡自己在社會中的角色義務等。但若是認為自己「必須」追求完美、「不得不」做到滿分，才因此期盼自己成為一個完美的人，反而只會為自己帶來更多焦慮。

因完美主義而拖延的關鍵點，在於「精力」、「過度緊張」、「懷疑擔憂」與「焦慮」等。對因完美主義而拖延的人來說，他們的處境是這樣的：雖然忙得焦頭爛額，卻沒有一件事能夠做好，這份空虛與遺憾遲遲在腦中揮之不去，於是更加執著於達成「完美」，並為此付出大量的時間，直到截止期限到來才匆匆交出成果，即使交出去了，心裡還是焦慮不已。

我們很常聽見「完美主義」這個詞，然而，我們真的清楚什麼是完美主義嗎？完美主義如何產生，又如何影響我們？越瞭解自己的完美主義，越可以避免拖延行為的發生。

對他人評價的在意程度與拖延程度成正比

完美主義傾向高的人具有兩種特質：第一個特質是將個人標準設立得很高，他們偏向「成就導向」，會為了達到這個標準而拚命努力；第二個特質則是，在知道自己將要被他人評價的情況下，他們會過度擔憂、害怕犯錯，並對此極為敏感。

既然如此，直接以「高標準」與「高度在意評價」來認定人是否有完美主義傾向，真的恰當嗎？為了解釋完美主義的產生及存在機制，心理學的學者們研究了每個人可能擁有的完美主義特質，並加以排列組合後，將完美主義分成四個類型。

根據完美主義的二因子模型，我們可以藉由「評價焦慮」與「個人標準」這兩項指標，窺探出完美主義的面貌[3,4]。每個人的個人標準與評價焦慮的程度不盡相同，根據程度高低，我們可以將完美主義劃分成以下四個類型：「非完美主義」、「單純個人標準型完美主義」、「單純評價焦慮型完美主義」（又稱社會期許型完美主義），以及個人標準與評價焦慮的程度都很高的「混合型完美主義」。

簡單來說，非完美主義型的人，「個人標準」與「評價焦慮」程度都很低，他們不將「完美」當作是最終目標，也不會因為社會壓力而認為自己需要付出努力做到「完美」。

屬於單純個人標準型完美主義的人，則是「個人標準」高但「評價焦慮」程度低，他們不太在意別人的評價與看法，而是在自己認為重要的領域中有著自己的標準和目標，並專心在這條路上追求完美。

單純評價焦慮型完美主義（社會期許型完美主義）的人，反倒是「個人標準」低、「評價焦慮」程度高。他們的壓力來自於「他人希望我完美無缺」的想法，認為只要

		評價焦慮型完美主義：低	評價焦慮型完美主義：高
個人標準型完美主義	低	非完美主義	單純評價焦慮型完美主義
個人標準型完美主義	高	單純個人標準型完美主義	混合型完美主義

完美主義二因子模型

自己不夠完美、優秀，就難以得到他人或社會的認可。

最後則是混合型完美主義，此類型的人不論是「個人標準」還是「評價焦慮」的程度都很高，他們既在意重視的人對自己的期望，又要達到自我滿意的標準，所以他們總是壓力重重，始終拚命努力著。

此外，想要迎合他人期望的這份壓力與責任感，會干擾他們本身的自我準則與價值觀，因此也難以徹底依循完美主義的路線行事，導致進退兩難，在內心不斷掙扎的同時，又不得不追求所謂的「完美」。

一個人可能同時具備「個人標準型完美主義」與「評價焦慮型完美主義」的特質，尤其當這兩者的程度都很高時，就很有可能會頻繁地產生焦慮等負面情緒。

而在這四個類型中與拖延行為有關的，只有單純評價焦慮型完美主義（社會期許型完美主義）與混合型完美主義[5]；相反地，屬於非完美主義或單純個人標準型完美主義的人不會出現拖延。也就是說，只有一部分的完美主義者才會拖延。

你擔憂的事，大多數都不會發生

我們在生活中經常要面對他人的評價。每個人都至少有過一次這樣的經驗：當自己在做一件預計會受到評價的事時，會擔心「如果我做得不好怎麼辦」、「最後的結果不好怎麼辦」，當自身的成功和失敗都取決於他人的評價，會擔心是理所當然的。

因完美主義而拖延的人更容易擁有「焦慮DNA」，而「焦慮」正是拖延的主因之一。你此刻正在焦慮什麼呢？「如果被別人批評了怎麼辦」、「如果我做錯了怎麼辦」、「我那麼努力，結果最後還是失敗了怎麼辦」你有沒有想過，這些焦慮是從何而來的？

在促使完美主義發展的因素中，「原生家庭」最受心理學領域的關注[6、7]。如果說，第3章談及的拖延行為是受父母影響，形成「一定要……」的義務式想法與自我責備傾向所導致，那麼，因完美主義而產生的拖延行為則是源自於父母以「必須完美地達成」這種不切實際的高標準來要求孩子所造成的，也就是說，在責任義務的基準上還加入「做得夠不夠好」的評價因素。

根據「社會期望模型」（social expectations model），當孩子不能滿足父母的高度期望時，他們會將此歸咎於自身能力不足，並長期陷入無力感[8]。也因為這份荒謬的恐懼，造成他們對自己缺乏信心，不認為「我」擁有「可以做好某件事」的能力，拖延行為也因此產生。

例如，孩子考試得到高分，就會得到父母的稱讚與認可，但如果成績不夠好（哪怕已經盡了全力，孩子自己也對分數滿意），他們也會害怕、擔心父母失望。當父母冷淡或皺緊眉頭的神情顯露在孩子面前，孩子便會感受到原來父母對自己的愛與接納是有條件的，只有在做到他們的要求時，自己才有資格被愛。這正是完美主義萌芽的關鍵。於是，當孩子預期自己將要犯錯或做不到最好時，焦慮便會找上他們，再加上他們對負面評價很敏感，所以內心也會更加脆弱。

如果小時候經常因為表現好，而得到父母等身邊人的稱讚，那因完美主義而拖延的人，反而容易在沒有得到稱讚時感到焦慮。我們以往認為，如果常常得到稱讚與認可，可以增加自信與自我效能感，但事實卻正好相反。若是過於習慣被稱讚，當犯錯或經歷失敗時，反而會傷到自尊心，同時也會更拚命努力，防止類似情況再度發生[9]。換言之，這種正向壓力反而讓完美主義者習慣了正面評價中隱含的「有條件的愛與接納」。

因此，在他們犯錯或無法做好某件事時，內心就會產生強烈的恐懼與焦慮，因為他們害怕得不到父母、老師等重要他人的認可。面對這樣的情況，他們會訂下更加不切實際的高標準，以此追求更高的完美，這便造成拖延行為的產生。

另一個用以解釋完美主義如何萌芽發展的理論是「社會反應模型」（social reaction model），根據這個理論，如果孩子曾經歷過身體上或精神上的虐待，或在不安定的家庭中成長，就很有可能發展出完美主義的傾向。

在苛刻的環境中，為了防止可預期的身體虐待或精神虐待，孩子會採取「追求完美」的方式做為應對方法，並藉此避開被否定的恐懼與羞恥感。更嚴重一點的話，孩子甚至可能會因此發展成強迫型人格，這是他們試圖恢復自我掌控感的一種方式。「萬一失敗了怎麼辦」、「如果他們覺得我很差，不認可我怎麼辦」，他們會不斷擔憂這些問題，並極度想消除可能讓自己失敗的因素。

舉例來說，孩子在考前努力用功，第一次在數學考試中得到了一百分，他非常高興，而他的父母卻這麼說：「這次的考試是不是很簡單？得一百分的人很多呢。」沒有稱讚，反而像是心理操縱（gaslighting）的話語，聽在孩子耳裡是什麼感受呢？他們將無法為自己的成功感到快樂，只能因為這份挫敗感而垂頭喪氣。往後，孩子將會設立過高的標準，努力追求難以企及的「完美」；每當他們在完成某件事時，便會擔心「這樣的我」無法被認可，於是變得更加畏畏縮縮，害怕犯錯或失敗，並陷入深深的無力感中。

這兩個關於完美主義的理論模型都強調，父母與家庭環境是孩子發展出完美主義傾向的重要關鍵。父母對孩子抱有高度期待，不斷要求任何事都要有好結果，導致孩子凡事都對「成果」有很大的壓力。而養育方式越是嚴格、賞罰分明，甚至過度控制，孩子的完美主義指數就越高。尤其，當孩子逐漸意識到自己活在父母的威權之下，他們便會更在意評價，相信只有達到重視之人要求的高標準，自己才能被接納與認可[10]。

父母的高標準與對「好結果」的要求，不僅加深了孩子對「接受評價」這件事的焦慮，還促使他們更拚命地追求完美，好讓自己可以免於犯錯與失敗，但這將會引發拖延行為。研究「完美主義與拖延習慣之關係」的心理學家指出，由於完美主義者追求的目標過於不切實際，他們在開始行動前就已經出現強烈的恐懼情緒，為了迴避這份痛苦，他們會不斷推遲開始的時間點，這就是所謂的「行動拖延」[11]。

再者，他們選擇拖延，也可能是為了確保自己在開始行動前有充裕的時間將事情做到極致。這種心理狀態源自於對失敗的恐懼與逃避動機，而拖延便是可以緩解這份恐懼的計策之一[12]。

當我們安靜下來省察自己，會發現自己的內心充滿了擔憂。然而，其中有許多擔心的事都不會發生，純粹只是我們自己想像出來的，尤其是在面對某些取決於他人反應的焦慮時，因為並非「我」所能控制，更容易為此惴惴不安。

擔心自己無法控制的事，就像去奮不顧身淋一場還未開始下的雨，但即使真的下起了雨，到時候再應對也來得及。焦慮DNA有時的確可以幫助我們謹慎地計畫與完成待辦事項，但有時卻會讓我們在開始行動前因為想要有「好的開頭」而過於緊張，再加上擔心他人評價，這份焦慮被放大，導致只能畏縮不前。

執著於完美的計畫、耗費無止境的時間預防失敗，就像到處去尋找不顯眼的雲，提前淋一場還沒落下的雨。假如你喜歡傾盆大雨，要做第一個淋到雨的人才會幸福，那就儘管去淋沒有關係。但如果你耗費時間去苦苦追尋並不存在的雨，就難以享受今日的燦爛陽光。

我們總是因為焦慮而無法感受當下的幸福，總是會在某段時光過去後，才感嘆著「那個時候真好啊」。然而，我們的生命是有限的。如果拋開焦慮，將今天當作是生命中最美好的一天來度過，我們會是什麼樣子？我們是否擁有了想要的事物？是否做著自己想做的事？是否正與珍愛的人好好享受生活呢？雖然這是老生常談，但對我們而言：「今天」永遠是最珍貴的一天。

檢視理想與現實之間的差距

從結論上來說，根除完美主義並不能解決拖延。完美主義是一個人一貫固有的行為模式，如果試圖根除，反而會動搖整個人本身。完美主義是一種性格特質，並沒有好壞之分。只是在一般情況下，對他人評價敏感的「評價焦慮完美主義」，與被重要他人或社會賦予高度期待的「社會期許型完美主義」（socially-prescribed perfectionism）屬於完美主義中較負面的部分，這兩類人擔心犯錯、質疑自己的決定與行動，並且對負面評價或責備非常敏感。

他們會為了避免得到負面結果或回饋（feedback），在準備階段就耗費過多時間和精力，於是一再拖延實際的行動。也就是說，當他們對任務的成就動機小於對失敗的恐懼時，就會藉由逃避任務來減少焦慮與不安[13]。而最壞的情況，則是當他們真的選擇放棄任務，他們所焦慮的「得到負面評價」這件事就會化為現實，也會因此與心目中所渴望的「理想我」離得越來越遠。

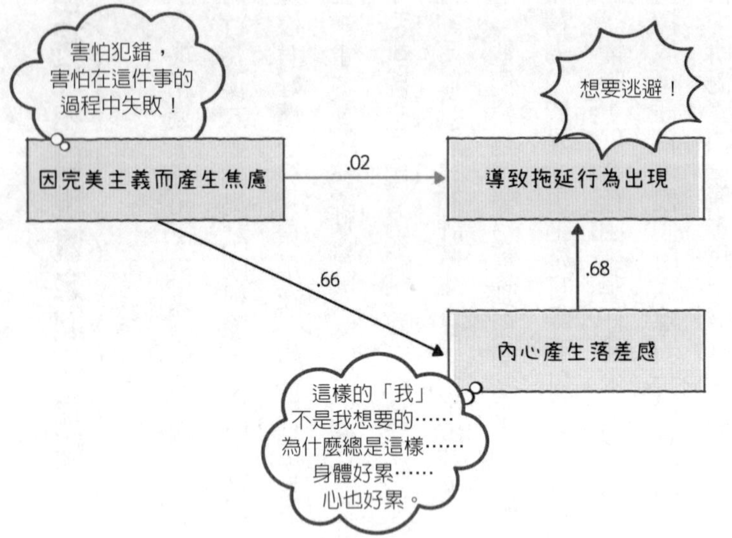
害怕犯錯，
害怕在這件事的
過程中失敗！
因完美主義而產生焦慮
.02
想要逃避！
導致拖延行為出現
.66
.68
內心產生落差感
這樣的「我」
不是我想要的……
為什麼總是這樣……
身體好累……
心也好累。

「完美主義式焦慮導致拖延發生」的模式

總之，「評價焦慮型完美主義」，也就是「社會期許型完美主義」的傾向如果比較高，較有可能出現拖延行為，但這並不代表此傾向高的人就一定會拖延。最近有一項研究，以「評價焦慮型完美主義」、「理想我與真實我之差距」與「拖延」之間的關聯性為主題，做了相關實驗[14]。

在進行此實驗前，研究團隊先測量受試者的「評價焦慮完美主義」程度，收集其在日常生活中產生自我差距感的相關經驗，以及因此產生負面情緒的狀況。之後，受試者必須每天寫兩次短篇日記，以記錄一星期的拖延情況。

最後的研究結果如上圖所示，「評價焦慮型完美主義」傾向高的人，並不是絕對地與「拖延」劃上等號。而是當他們在日常生活的各種情況下，頻繁且強烈地感受到「真實我」與「理想我」之間的差距時，拖延程度才會提高。

當人感知到自身的自我意象（self-image），與自己和他人理想中期待的樣子有落差時，心理學將其稱為「自我差距」（self-discrepancy）[15]。在這之中，「真實我」與「理想我」之間的落差稱為「真實／理想之自我差距」（actual/ideal self-discrepancy），而「真實我」與「應該我」不一致時，則稱為「真實／應該之自我差距」（actual/ought self-discrepancy）。

完美主義傾向高的人往往會設定高於自身能力的標準和目標，他們也對這些標準與實際成果之間的落差更敏感。因此，在他們追求更高的標準、更完美的結果時，也更容易產生挫折、無望感和自我挫敗等負面情緒，便可能導致拖延行為發生。

那麼，如果拖延行為是因為「真實我」、「理想我」與「應該我」之間的差距而導致的，我們首先需要做的，就是縮小這個差距。當然，如果自己是因為無法按照計畫完成任務，而不得不走到放棄這一步的話，會感到遺憾是正常的，而這時候其實正是停下來思考的好時機。

假如事事都要在意細節，並花時間處理，便很難看清整體的局勢。我們的時間和精力有限，因此，決定任務的優先順序、根據實際狀況分配可利用資源是很重要的。

小心別落入「細節地獄」的陷阱

完美主義傾向高的人有時會陷入「細節地獄」。假如，有一位學者將論文投稿至某學術期刊，經過審查後，這篇論文有需要修改的地方，對此，這位學者需要提出額外的文獻資料，證明其觀點具有正當性。有時，寫出一句補充說明或解釋，就需要花上幾天的時間。若是具有完美主義傾向的人，即使已經收集了所有需要的資訊，他可能仍會覺得自己似乎遺漏了什麼，於是又繼續尋找相關資料，導致自己來不及撰寫補充說明的內容，進而拖到回覆的時間。

那麼，為什麼完美主義傾向高的人會花費過多不必要的時間和精力收集資料？他們又為何如此執著於細節呢？

他們共同具有的特性是「個人標準高」與「成就需求」導向。他們害怕沒有達成目標的自己會被否定，害怕這樣的自己不被他人接受，於是盡可能地努力達到理想中的完美，也因為如此，他們才不願放過任何一個細節。然而，令人遺憾的是，完美只存在於幻想之中，哪怕他們再怎麼接近完美，也不會就此滿足，反而會繼續追求更高的目標。

於是，他們很難體會到「這樣就夠了」的感覺。即使已經收集了充足的資料，卻因為擔心會出現紕漏，所以即使繳交期限已經迫在眉睫，還是會不斷查找資料，試圖做到連細節都完美無缺的程度。

「預防自己犯錯與失敗」這件事，在完美主義者眼裡至關重要。對此，他們需要充足的準備，盡量降低無法預期的負面結果發生的機率；為了確保一切完美，他們會反覆檢查兩到三次，甚至不放過任何一個小細節；同時，所有事物都必須在自身可預測、可掌控的範圍內，他們才能安心。於是，當他們認為自己的能力無法勝任某項任務，或感覺事情不受掌控時，就容易出現拖延行為。要是任務難度高或任務的分量太多，拖延的可能性也會更高。

試圖控制某部分的細節或不足，卻無法控制在期限內完成重要事項，這反倒讓人啼笑皆非。當然，如果可以完美地展現細節，並在期限內完成任務，這是最好的，完美主義者也希望自己能如此。然而，當人陷入「執著細節」的地獄中，做事的進度往往會被拖累，過程也會相當辛苦。若總是事與願違，常常難以維持「細節」與「期限」之間的平衡，就需要以實際情況來判斷，決定究竟要先確保哪一方面的掌控權。

先決定判斷的基準點，才能全力以赴

完美主義傾向高的人通常對自己的要求很高，因此在面對眼前的任務時，他們會將「完美的傑作（masterpiece）」視為努力的目標，雖然這樣的目標過於不切實際，但他們為此所迸發的巨大能量卻可以成為優勢。對完美主義者來說，要他們滿足現狀是不可能的，但如果可以暫時忽略從「無法完美達成目標」的焦慮中衍生出的矛盾心態與雜念，便可以將這些能量投入在自我提升上。

因完美主義而引發的拖延行為具有一些特點[16]，其中一個就是矛盾心態，尤其是「雙趨衝突」（approach-approach conflict）。所謂的「雙趨衝突」，是指人在兩個正向選擇之中難以取捨，內心因而產生衝突。舉個例子，我們在買東西時，通常會考慮商品的實際功能與外觀設計。當有一個商品的外觀很精美，但功能性較差；另一個商品的設計雖然不太合心意，但功能卻很優秀時，我們如果選了外觀，卻又不免會在意功能；但若選了功能，卻又難以忽視外觀。到最後會因為兩個都想要而反覆糾結，像這樣的情況比比皆是。

有完美主義傾向的人也是如此，他們在正向選擇之間反覆糾結，不論是選擇優秀地完成任務，還是選擇不犯任何一點錯，都能得到不錯的結果。但問題就在於，他們既想要優秀地完成任務，又希望自己不犯任何一點錯，這是非常困難的。在這個情況下，我們就必須先以現實為考量，在兩個選擇中取其一，再集中投入更多精力去進行任務。

當我們想要達成某個目標時，往往會在兩個方向中做選擇：為了獲得滿意的成果而付出努力，或是為了防止不想要的結果發生而維持現狀。前者稱為「促進焦點」（promotion focus），後者則為「預防焦點」（prevention focus）[17]。

當動機取向與行動方向達成一致時，我們便會感覺一切都在順利進行[18]。像是在有機會升職的情況下，就非常適合以勇於挑戰的態度採取積極的行動；相反地，在需要將損失降到最低，或需要擔起責任義務的情況下，反而更適合穩紮穩打、謹慎行事。人不僅對結果有偏好，也對自己在過程中如何處理事物、採取何種行動有所偏好，例如要收集哪些資訊、採取哪種策略等。以符合自身取向的方式展開行動，才能讓自己感覺到一切都在順利進行。

人的個性是偏好促進焦點動機，還是預防焦點動機，會影響自己朝目標邁進的策略。如果「我」的促進焦點動機較強，哪怕需要冒一點險，以挑戰的心態朝目標邁進會更有效，這便是「渴望策略」（eagerness means）。例如，學生若想在特定科目中取得好成績，可以設定這樣的行動目標：

✔ 按時完成作業。

- ✔每堂課都出席。
- ✔多花時間去圖書館用功。
- ✔提前準備考試，並按照計畫讀書。
- ✔以高分爲目標自我激勵。

另一方面，如果「我」的預防焦點動機較強，那麼為了降低風險或損失，就適合提前掌握、避開預期可能會發生的問題，這稱之為「警戒策略」（vigilance means）。例如，學生若想減少在特定科目中不及格的可能性，就可以設定以下的行動目標：

- ✔停止拖延。
- ✔盡量不要缺席課程。
- ✔減少聚餐或參加社團的時間。
- ✔避免自己陷入沒讀完書就去考試的情況。
- ✔不要灰心喪志。

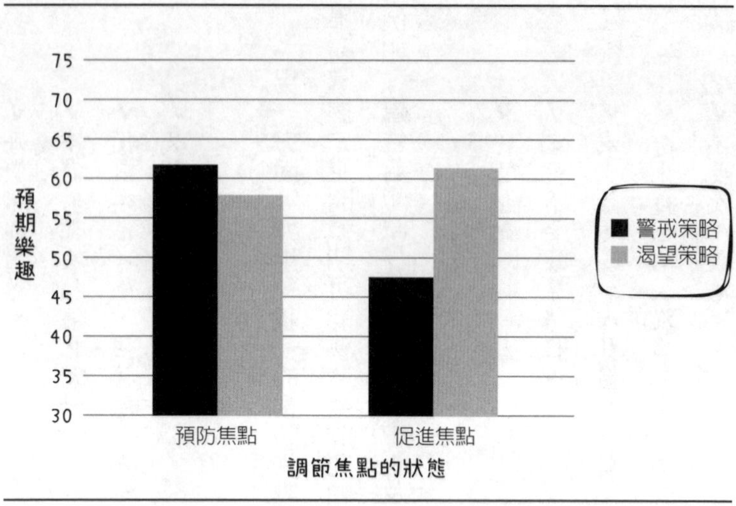

調節焦點狀態與調節策略配合所達成的有趣程度

根據希金斯（Higgins）團隊的研究結果[18]，當調節焦點的狀態（促進vs.預防）與調節策略（渴望vs.警戒）達成一致時，人們會感受到更多快樂。也就是說，在帶有希望感的促進焦點狀態中，更適合採取渴望策略的行為；而在感受到義務感的預防焦點狀態中，則更適合以警戒策略的行為為主。當動機的取向和行為的策略相輔相成，人們在行動時就會感受到更多樂趣與動力。這一點我們可以從圖表看到。

如圖表所示，處於預防焦點狀態時運用警戒策略（黑色），處於促進焦點狀態時則運用渴望策略（灰色），如此便可在行動的過程中獲得更多樂趣。

完美主義傾向高的人總是希望可以做到兩全其美，既想要追逐更高的成就，還要求一點瑕疵都沒有，「想做到好」與「不可以沒做好」的想法互不相讓，這時，「平衡狀態」就會出現。當溫度、壓力等條件在一個系統中保持恆定不變時，系統不會產生任何反應，這就叫做「平衡狀態」（equilibrium state）。

雖然促進焦點與預防焦點都相當重要，但假如這兩個焦點在心裡針鋒相對、拉扯不休，人就會像進入真空狀態般，只能動彈不得。唯有憑藉主動出擊的力量，干預、打破這個平衡狀態，才能產生新的變化。如果我們想要向前邁進，二者中就必須有一方更勝一籌，這並非是要我們捨棄某一方，而是需要有一個判斷的基準點。

比如說，我們可以遵循這個方向來思考：「對這項任務來說，採取促進焦點還是採取預防焦點來達成目標，會對我更有利？」我們現在該做的事，是利用大膽、樂觀、果敢敏捷、勇於冒險的策略，還是謹慎、精準、減少失誤、避開風險？將這些方向與比重相互比較、衡量，選擇更符合自身取向與情境的調節焦點與策略，便能夠集中精力擺脫焦慮困境、克服拖延難題。

不是「必須做好」，而是我「想要做好」

完美主義會導致拖延行為出現的另一個原因，則是有完美主義傾向的人內心其實存在一個聲音，告訴他們：「必須要做好才可以。」假如這是一個需要做好的重要任務，我們就應該充滿幹勁地開始行動，然而，為什麼我們總是選擇拖延呢？

這時，我們需要找出「必須要做好」這個念頭究竟來自何處。我們可以想想：我心中是否有希望能留下好印象的人？我是不是為了要迎合重要的人對我的期待，所以過分要求自己？在那些人之中，是否有對這次專案的成敗十分重視，所以對我抱有重大期望的主管？是否有相信我一定會沒有失誤、一次就完美成功的父母？是否有篤定我絕對不會失敗的另一半？……光是想像他們對我失望的樣子，內心就惶恐不已。假如我沒有把事情做好，即便他們告訴我沒關係，但看見他們的神情，心裡還是會過意不去。我感覺自己既渺小又無能，自尊心受到了傷害……你是否會如此呢？

當人是為了滿足他人期待才追求完美時，拖延行為將更容易發生，因為渴望推進事物、取得好結果的人並不是「我」，而是「我認為重要的人」（像是父母、老師、伴侶等）。因此，因完美主義而拖延的人會希望藉由完美的表現，以獲得他人的認可、關注與接納。但同時，他們也因為「一定要做到……」等義務式念頭所帶來的巨大壓力，而拚命努力、避開失敗的可能性[19]。

一旦「一定要做到」的聲音不是來自於「我」，人對失敗的恐懼就會被無限放大。如果你認為這個聲音的確不屬於自己，那就試著從現在開始，將「一定要做到」變成「我想做到」吧。「必須、一定」這種帶有責任義務語氣的聲音，很有可能只是他人不假思索、脫口而出的話語罷了。雖然這些聲音曾經讓你備受折磨，但它們也確實在你的內心裡幫助你獲得了許多成果。此刻，還是向這些他人的聲音說聲「辛苦了」，再送它們離開吧。而後，再好好迎接這一句富含自身渴望的新聲音，告訴自己「我想做到……」，伴隨著這句話，你將更輕盈地邁向你想要去的地方。

第6章

拖延病類型五：刺激尋求

不要心急，但也不要停下腳步。

——約翰・沃夫岡・馮・歌德（Johann Wolfgang von Goethe）

你似乎在害怕人類終將經不起時間的考驗，

但即便如此，

也不要放棄期待——期待自己有堅持下去的一天。

——西格蒙德・佛洛伊德（Sigmund Freud）

總是難以維持超過三天的「熱情」

「這件事很無聊，不想去做，怎麼辦？」

「如果這件事夠有趣，我才不會拖延。」

「我也想做啊，但就是投入不了。」

「好羨慕那些可以享受其中的人。」

每件事的開頭總是快樂且令人期待的。學一門新語言也是，好比說，我覺得把英語學好很重要，於是抱著這樣的想法來到書店，發現了一本英語會話書。我感覺這本書對「學好英語」這個目標很有幫助，以前我總是不斷推遲這件事，但這次不一樣，我感覺到這本書有種魔力，讓我不由自主地想用功。於是，我滿懷激動地買下這本書，還一併添購了筆記本、單詞本，以及專門用來學英語的文具。我下定決心要每天學英語，所有東西也已經準備就緒。

然而，第一、二天都還可以堅持，到了第三天卻開始有點懈怠。工作完的身體只覺得疲憊、想要休息，我在讀書和放鬆之間猶豫不決、到處東摸西摸，不知不覺地將時間浪費掉。雖然可以利用零碎的時間來學英語，但就是提不起勁，哪怕拖延會讓我感到不安，也不想被義務感綁架，以此來折磨自己。

我的人生很寶貴，我想及時行樂，將自己的滿足與快樂擺在第一位。我對榮華富貴不感興趣，只想像涓涓小溪一般，簡單慢活，享受小小的幸福就足夠了。強迫自己要有成就、逼迫自己學好英語，並不會讓我更幸福。這些不是那麼重要、也不急在一時……那今天就休息吧，從明天再開始練習英語會話，明天的我一定會跟今天不同。

就這樣，三個月過去了。有一天，我在趕著出門上班之際，猛然注意到貼在門上的便利貼，上頭寫著：「練習英語會話。」當初的我覺得，將便利貼貼在顯眼的地方，自己看見了就會記得去做，於是貼在門上，而這一貼就是三個月。每當我出門和回家時都會看見這張便利貼，但我卻一次都沒有實際做出行動，那本英語會話書和文具依然被我閒置在一邊。

一時之間，我的腦袋有點混亂。如果我想要堅持學英語，與其自學，不如報名英語會話班，或是請個老師一對一練習會更好，但這筆費用並不便宜，讓我難以下定決心。況且也需要付出時間和精力仔細挑選，才能找到合適的課程與老師，地點最好不要離家或公司太遠，這樣看起來，能令我滿意的選擇似乎也不太多。而且我還得空出時間來上課，無論是平日下班後還是週末，需要在固定時間練習英語會話，又會與我其他的行程相衝突……要考慮的因素實在太多了。

「總之，今天先去上班，回來再說吧。」

雖然內心五味雜陳，但還是得趕快出門上班，要是一直煩惱下去，今天一整天都要籠罩在這股壓力之下了。先專注在眼前的工作吧，學英語這件事之後再說，我這麼想著，便先無奈地出門了，但心裡總感覺有些抑鬱寡歡。明明是自己信誓旦旦地說要學好英語，卻撐不過三天，虎頭蛇尾；明明一開始滿腔熱血，卻因為懶惰、倦怠而一直拖延。「我為什麼這麼缺乏毅力？我為什麼這麼懶？」我這麼質問自己，心情更加低落。

好希望能有一個又好玩又簡單的好方法，可以讓我不用花很多力氣逼迫自己堅持，就能達成目標。雖然一開始可以靠著好奇心與期待感來行動，但這份熱情很快就會消退，變成難以跨越的瓶頸；即使勉強堅持了三天，一旦遇到困難的地方或需要反覆練習的部分，我就會萌生出「之後再做吧」的念頭，將事情拖延到下次。有時，我甚至感覺到，自己為了找到更簡單的方式來達成目標，反而忽略了真正重要的事物。

要是有人能把這些枯燥無聊的部分變得好玩，我或許就能自動自發地堅持下去……我無法全心全意投入其中，是不是代表我沒有這方面的天賦？是不是這條路並不適合我？我開始懷疑自己。

像這樣，不斷開始新計畫又放棄的情況非常多。這樣的人並不是單純因為懶惰而拖延，他們的興趣廣泛，生活總是豐富而忙碌。他們與想得多卻遲遲不付諸行動的人不同，對他們而言，開始一個新計畫意味著「先播下種子看看」，但同時，一旦開始行動，堅持下去就是一個難題。

那麼，聰明地降低難度，先從簡單的事開始嘗試吧？然而，即使是難度較小的事或日常習慣，他們也很難長時間堅持。像是固定時間早睡早起、每天閱讀二十分鐘或背一篇英語短文等等，這種再簡單不過的目標，卻無法堅持兩個星期以上，為什麼呢？

造成三分鐘熱度的大腦機制

事實上，「三分鐘熱度」是有科學根據的[1]。我們無論開始什麼新計畫，都會產生壓力，因為「變化」本身就是一種壓力刺激。為了減少這股壓力，腎上腺皮質會分泌腎上腺素（adrenaline）與皮質醇（cortisol）這兩種可以防禦、應對壓力的激素，不只能讓人心情變好，還可以幫助我們適應新的變化。

但是，激素可以防禦壓力的有效時間大約只能維持三天左右。當我們開始新計畫時，過了頭三天之後，體內自然的防禦機制就無法再持續運作，「逃避壓力」的念頭也隨之增強。也就是說，當人開始新計畫、新事項後，興奮感會逐漸消退，放棄行動的念頭將會取而代之，這也就是我們常說的「三分鐘熱度」。

有毅力的人在下定決心後，能夠熬過從第四天起漸漸出現的乏味感，絕不拖延，直到養成新的習慣。在各國廣泛使用的「氣質與性格量表」（Temperament and

Character Inventory: TCI）中，有一項「毅力」（persistence）是預測一個人能否成功的重要指標之一。

在TCI中，有所謂個人天生的「氣質」（temperament）與隨著經驗發展而生成的「性格」（character）兩個部分[2]，而「毅力」這項特質雖然被歸類為氣質，但也可以透過練習來增長。確切來說，「毅力」是指即使在付出努力卻無法即時得到成果或獎勵的情況下，也能夠堅持做好手上正在進行的事物，這與「三分鐘熱度」的特質正好相反。毅力強的人，在面對陌生的事物時也能持之以恆，所以他們也更有可能取得成功，而隨著成功經驗不斷累積，他們的自信心與野心也會逐漸增強。

與之相反的，則是「刺激尋求傾向」（sensation seeking tendency），屬於個人天生的氣質較難被改變[2]。就像有些孩子敢於嘗試新食物，但有些孩子對陌生食物卻非常挑剔一樣，不同的人對新刺激的接受程度，天生就存在差異。此處的「刺激」（sensation）有時會與帶有「新奇」意思的「novelty」混用，寫作「novelty seeking」，指的是尋求新鮮感與感官體驗。刺激尋求傾向雖然難以改變，但後天培養的「毅力」卻可以控管它，讓它發揮適當的作用。

天生具有強烈刺激尋求傾向的人，不僅會對外界的刺激有所反應，還會積極地尋求刺激。為了獲得刺激的體驗，他們可能會投入金錢和資源，有時甚至不惜冒著風險也要去做。這類人經常滿懷期待地開始新計畫，卻在不久後就喪失興趣，輕易宣告放棄，如此一來，他們便難以培養出可以克服三分鐘熱度的毅力。

刺激尋求傾向的四項特徵

「刺激尋求傾向」有四項特徵[3]。第一項特徵是「追求興奮與冒險」，這項特徵較強烈的人會為了感受興奮與冒險帶來的刺激，而積極從事極限運動或容易有危險的活動。

第二項特徵為「違反禁忌」，通常體現於社交活動之中，例如酗酒、危險性行為或狂歡派對等，這類人會藉由打破常理規範來獲得感官上的快感。

第三項特徵為「追求新體驗」，這類人喜歡嘗試新產品、探索新興的熱門景點，熱衷到富有異國情調、新穎奇特的地方旅行，或體驗他人不會貿然嘗試的獨特生活。

第四項特徵則是「對倦怠感很敏銳」，他們討厭一成不變的事物，不斷重複的工作只會讓他們坐如針氈、難以忍受，因此容易對人、事物及整個人生都感到厭倦。

這些特徵的強弱程度因人而異，每個人表現出來的都有所不同。人可以同時擁有這四項特徵，在這之中，可能某個人「追求興奮」與「追求新體驗」的傾向比較高，「違反禁忌」的傾向較低，如此就可以在社會允許的範圍內，透過嘗試新的運動或展開一段旅行來滿足自己的需求。

倘若情況相反，那麼這個人便可能會因為挑戰禁忌，而讓自己與他人陷入危險之中，因此需要找到方法來控管及約束需求。此外，對倦怠感忍耐度較低的人，也更有可能會感受到一般的辦公室工作或職場生活過於枯燥，促使他們產生更多壓力。

我們在理解刺激尋求傾向時，不該將其誤解為「無條件尋求高強度的刺激」，這同樣是因人而異的。對某些人來說，在遊樂園裡坐雲霄飛車就已經夠刺激；但對另一些人來說，可能要穿上雙手雙腳相連的翼裝，假裝自己擁有翅膀，讓自己像飛鼠一樣在空中滑翔，才能讓他們滿足。

也就是說，每個人獲得滿足的最佳刺激點是不一樣的[4]。如果刺激感過於強烈，超出了自己能接受的範圍，人就會感到不安而退縮，這就像是再怎麼追求刺激感的人，在面對未經安全檢測的雲霄飛車時也會畏懼動搖。當一個人的最佳刺激點與任務事項的刺激程度相互匹配時，想要一探究竟的好奇心就會被激發，達成目標時的滿足感也會隨之增加[5]。因此，對刺激感有所渴求才會讓他們行動起來，促使他們挑戰新事物。

就如前文所述，刺激尋求傾向強烈的人不僅會對既有的刺激有所反應，還會積極尋找新的刺激。擁有這項特質的人，會比安於現狀的人更有機會找到適合自己的最佳刺激點；再加上他們總是對新事物充滿好奇、產生挑戰慾望，並不斷為此展開新的行動，所以，當他們的挑戰經驗越豐富，獲得成功的機會也就越多。

然而，雖然尋求刺激可以帶來這樣的好處，令人惋惜的是，這些新計畫一旦開始落實，可以自然而然感受到樂趣的時間卻非常短暫。因此對於喜歡尋求刺激的人而言，關鍵反而在於「如何堅持行動」。就好比開車，我們一開始會以為自己能靠著自動駕駛前行，但當「免費的自動服務」到期，也就是防禦壓力的激素不再作用後，就得靠自己踩油門前進。

但刺激尋求傾向強烈的人是看重樂趣的心情派，他們在「堅持行動」的這個階段，經常會因為難以忍受無趣而出現拖延行為。這正是因為他們不斷追求日新月異的變化，喜歡探索陌生事物，容易著迷於新的點子與靈感，所以才無法長時間專注在一件事物上。

或許你曾這樣想過：當事情開始變得無聊，再繼續下去也只是勉強為之，是不是代表這件事打從一開始就不是我該走的路？如果我真的有這方面的才能天賦，應該會自然而然地感受到趣味才對吧？聽說職業運動員也是從小就能夠訓練一整天，而我卻做不到，怎麼辦？剛開始去做時，我以為這就是我要走的路，卻因為無趣、沒有成就感，所以開始拖延……這是不是證明了我並不適合做這件事？

成長的過程是一條S曲線

從結論上來說，我們不能因為無趣就斷定這條路不適合自己。如同在遊戲裡想要升級，也需要花一段時間反覆做某個任務。你或許必須不厭其煩地砍樹或者一直種紅蘿蔔，這樣的任務很無趣，不能激發你的熱情，但並不代表那是一段沒有意義的時

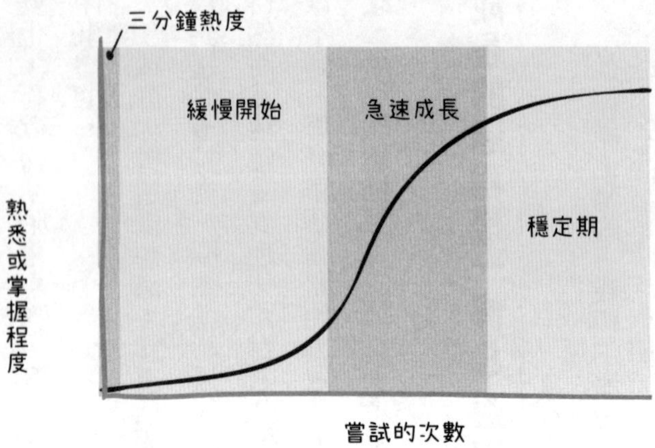

S型的學習曲線

光。因為當你熬過無趣階段，完成任務進度，你就會升級。

現在試著將我們的人生代入RPG遊戲吧。為了培養「我」這個角色，我們必須有意識地付出耐心，因為「堅持行動」是成功學習與觸發改變的基礎。值得高興的是，「我」的培養進程會像S曲線（sigmoid）一樣發展，如同上圖所示。

圖表的橫軸為「嘗試的次數」，縱軸則為「對事物的熟悉或掌握程度」。在起步階段時，因為「我」尚在熟悉陌生的資訊，所以掌握程度會增長得較慢（slow beginning）；經過一段時間的堅持後，掌握度便會急速成長（steep acceleration），最終進入穩定階段（plateau）。因此，如果想要熟悉、掌握某項事物或達成某個目標，「我」就必須捱過一開始的「緩慢起步階段」。唯有在緩慢起步階段成功地堅持下去，才能在後續迎來快速成長的時期。

我們之所以願意在遊戲中不斷重複某個行為，是因為知道只要度過這段無聊的時間，角色就會升級。現實也是如此，即使當下一點也不有趣，只要不拖延、不放棄下定決心要做的事情，「我」這個角色就會得到成長。因為無趣而不再堅持，或是打著轉換心情的名號陷入重新開始又反覆放棄的循環，這些行為對成長一點幫助都沒有。

再以學習英語為例。一項以韓國一百五十四名大學生為實驗對象的研究結果顯示，學生的英語成績高低取決於他們自己在學習過程中所感受到的困難程度，而非由個人的語言天賦或學習能力來決定。也就是說，學生在面對學習上的困難時，影響其成績的重要因素在於是否可以做到「動機再促進」（re-motivation）[6]。

不論英語成績好壞，這些學生都一致認為學習英語很重要。然而，在學習過程中面臨困難時，英語成績好的學生會選擇自我激勵，讓自己堅持下去，英語成績不好的學生卻會選擇放棄。事實上，人的語言天賦對學習成果的影響只到十歲左右[7、8]，一旦度過孩童時期之後，程度就會趨於平均。與其將失敗賴給天賦，不如付出相應的努力，讓自己不再拖延，並有意識地將下定決心要做的事堅持到底，這才是更重要的。

假如你想開始增強英語能力，卻發現不知道的單詞太多時，記單詞這件事勢必會成為你這段時間的主要任務。如果可以藉由一些有趣的歐美劇或電影，自然而然地進入學習的狀態，的確是個很不錯的方法；但若是要你不到三十秒就停下來查詢自己不知道的單詞，反而會很容易產生原地踏步的無力感。

不過，你就是必須擁有一定的單詞量，英語能力才會突飛猛進。你需要打好基礎，才得以進入S曲線的「急速成長階段」，一旦過渡到這個階段，哪怕一個句子中你只知道兩三個單詞，也能推敲出前後文的語意。由此可見，成長並不是一加一等於二，而是大於二。只要你親身經歷過，就會懂得為了繼續進步而生出更多渴望與動力的感覺，並從中體會到學習的樂趣。

你或許一開始需要花三、四個小時才能完全看懂一集二十分鐘的英語喜劇，但一段時間後不用查單詞就能專心看完一集，甚至角色台詞都還沒說完，你就能替他接上，那時你就會知道自己已經進入穩定階段了。你在緩慢起步階段忍受的無趣，在這時候將會得到大大的補償。

然而，刺激尋求傾向強烈的人打從一開始想找到的，就是最簡單又能最快成功的路。如果進展緩慢，他們便會產生「好無聊，繼續下去只會浪費時間」的想法，開始拖延該做的事，同時被其他新鮮事物轉移注意力。但沒過多久又會因為對新事物的新鮮感消失，而生出無趣感，新的一輪拖延戲碼再度上演。這樣的不斷循環，才真的是浪費時間。當你想要放棄手上的事物或目標時，請記住：成長的過程是一條S曲線。

在你的腦中出現「好無聊，想要有點新東西」的念頭時，其實就是在提醒你：該有意識地堅持下去了。此時，你靠著新鮮感觸發的衝勁已經消耗完畢，現在才是該真正努力的開始。想要老老實實地完成目標，需要循序漸進、一步步堅持下去的原則。接下來，讓我們來仔細了解，「我」為什麼會反覆被新事物誘惑，又為什麼會失去一開始下定的決心。

依賴外部獎勵來達成目標的盲點

因刺激追尋傾向強烈而拖延的人，之所以會不斷嘗試又放棄，是因為他們可以從中得到好處。哪怕長時間下來，這樣的行動模式對個人成長毫無幫助，卻能讓他們達到心理上的滿足。

那麼，如果捨棄手上的任務，轉而開始新的計畫，會有什麼好處呢？首先，他們可以逃開難以忍受的無趣感，同時內心還會隱隱約約產生一種滿足，讓他們認為：我沒有坐以待斃，我付出了行動，將原地打轉的自己拯救出來。像這樣，他們雖然拖延了該做的事，但「重新開始一項新計畫」的念頭會帶來成就感，並消除焦慮，讓整個人都安心下來。最關鍵的好處是，不需要再繼續做那些已然喪失興趣的事。

在這種情況下，因刺激追尋傾向強烈而拖延的人，通常是多才多藝的。他們什麼都會一點，也經常體驗各種不同的事物，樂於嘗試他人不曾經歷過的奇特挑戰。

但也因為如此，他們會覺得自己缺乏專業能力，而對未來感到焦慮。尤其是在工作相關的領域中，他們缺乏持續性的努力與積累，導致自己的能力不夠厚實，於是，他們會說自己「只是優秀的業餘愛好者，但樣樣都不專精」。此外，因為太過頻繁地跳轉到各個新計畫之中，造成他們過去嘗試的許多事物都處於未完成狀態。這些尚未解決的課題並不會就此消失，反而會默默遺留在生活中，一不小心就妨礙到其他事物的進展；有時，一想起那些無止境停擺的事物，他們心裡就會不禁鬱悶，精力也因此被分散。

當刺激尋求傾向高的人發現習慣了拖延和放棄的自己難以進步，或感覺落後他人而不安時，他們可能會出現過於衝動的行為，因為在那一刻，他們深深感受到自我提升的迫切感。於是，他們會做出一些違反自身天性的行為，希望可以藉此找出方法，讓自己能夠克制想要探索與冒險的渴望，壓抑自己容易三心二意的性格。

例如，放假時一定要往外跑的人，忽然發憤圖強，決定在接下來幾個月的下班時間都只能待在家專心準備檢定考試。這種違反本性的極端行為幾乎不可能成功堅持，因為性格是與生俱來的，我們只能根據情況適時調整，而非一味壓抑自己。

除此之外，他們還容易陷入一個盲點，也就是選擇在自己成功克制慾望、堅持住原本想放棄的事物時犒賞或獎勵自己。比如，有些人在減肥時會告訴自己，只要可以連續運動五天，並且好好控制飲食，就可以享有一次「放縱日」；或者在社群媒體上發文分享每天的減肥紀錄，藉此獲得他人的加油聲與關注；對某些人來說，也可能是在完成某個特定目標後，買下一直以來夢寐以求的遊戲機等等。

金錢、禮物與他人的認可，這些外部獎勵在短時間內是有效的。然而，長期來看，一旦外部獎勵失效，動力與熱情會更快消失[9]。舉個典型的例子，有些父母會向孩子承諾：「如果你考試考得好，你就有零用錢。」將零用錢當作獎勵可以立即對孩子發揮激勵作用，但日後若是不再有零用錢這個媒介，孩子用功讀書的理由也會隨之消失。因為對孩子來說，辛苦讀書的用意，就是為了要得到獎勵，一旦失去獎勵，也就沒有讀書的必要。

再加上，如果為了得到獎勵的孩子是在心不甘情不願的情況下，逼迫自己讀書，結果花了時間與精力，成績卻無法如願進步，孩子便可能會認為自己毫無用處，甚至選擇關上心門、自暴自棄。當孩子已經習慣了能即時得到外部獎勵後，便很難自發地設定目標或享受投入努力的過程。得不到獎勵的事已經無法吸引他們。

不過，人在非常緊急的狀況下，的確可以壓抑本性，一股腦地往前衝，只為完成計畫。就像大多數拖延的人要到最後一刻才甘願匆匆忙忙趕工一樣，任務越重要，越容易保持行動的狀態；若是任務沒那麼重要，或放棄的代價根本不痛不癢，這種「豁出去式」的方法就不太容易成功。總之，刺激尋求傾向高的人並不適合克制慾望，這只會讓他們感受不到自身的自主性。

當人在所選擇的事物中得到樂趣，內心就會進一步產生熱情和動力。但如果從中得到的只有必須完成任務的壓力與焦慮，隨著這些負面情緒逐漸增強、樂趣逐漸消失，自發性動力也將會枯竭，將可能導致我們為了獲得短暫的快樂，而忽視自己在未來的成長性。

不論是想要充實內在、累積專業技能與知識或有所成長，你都不需要放棄世俗的慾望，逼迫自己過著隱居山林的日子。如果想好好地完成那些計畫，你除了需要強韌的毅力以外，還必須採取貼近自己的本性、生活方式及價值觀的方法[10]，這樣才能長久地堅持下去。

尋求內在成長動機，找出自己真正想做的事

人為何會經不起誘惑？這似乎是一個哲學問題，不過，許多發展及教育心理學的理論都是圍繞著這個問題展開的。社會總是期望人們能夠適當地克制慾望，擁有吃苦耐勞的美德，但事實上，人的行為大多都與這些期許背道而馳。通常如果某件事太過無趣，哪怕這是自己該完成的，人還是會忍不住想放棄，轉而追求能馬上帶來更多刺激或快樂的事物。

回到這個問題，人之所以會經不起誘惑，是因為人性雖善，但容易因誘惑而動搖？或是因為人性本惡，注定要被誘惑擺布，只不過有社會規訓，所以人才能克制住自己？答案若是前者，那只要每個人都按照本心的善念來行動，就可以戰勝誘惑；但若是後者，表示慾望早就深深根植於每個人的本性之中，無法徹底消除，而在這個情況下，人要有意識地付出努力，才能成功打敗誘惑。

依據「性善說」與「性惡說」的觀點不同，人類處置「被誘惑的人」的方式也不同。

在談論「刺激尋求傾向極為強烈的青少年為何會出現不良行為及犯罪」的各個理論中，「社會控制理論」（social control theory）[11]提出一個疑問：「為何並不是所有人都會違反社會規範或犯罪？」換句話說，社會控制理論假設「每個人都有可能違反社會規範」，並認為因為人類普遍都具有偏離正軌的傾向，所以人需要時時被監督與管控，才不會違反社會規範。

這聽起來或許有些無情，但這種保守的處置方式卻可以有效控制犯罪行為的發生。這個觀點的精神在於：與其抱持曖昧不明的浪漫主義精神，一味相信人性本善，不如大方承認人類的確有步入歧途的可能性，而我們必須趁早做好預防措施。

根據社會控制理論，判斷人是否會遵守規範的重要標準之一便是「社會連結感」，與社會有連結感可以使人們不偏離規範。當人們感覺自己歸屬於一個健全且一切原則方針都正常運作的社會時，就會努力遵守這個社會的規範。也就是說，人類隨時都做好推翻規範的準備，而一個健全的社會可以減少這種情況發生、確保其中的成員遵守規範，進而達到管理的目的；相反地，一旦人的社會連結感減弱，便會開始違反規範，出現脫序行為。

社會控制理論所提及的「社會控制」，與獄警在監獄中看守罪犯的監視或看管不同，尤其是當社會連結感被用於社會控制時，其種類既多樣又抽象。其中，孩子與父母的連結是一個典型的例子。當父母打電話給孩子時，他們會問道：「你在哪裡？」、「你吃飯了嗎？」父母這樣問，並不是為了要監視孩子，而是出於關心，想確認他們在哪裡、和誰在一起、是否安全等等，這樣的「觀察」是一種積極正向的養育行為，亦是父母在日常生活中關愛孩子的表現。

另一方面，若將監視或看管的概念落實到父母與孩子的連結關係中，則是指父母會制定規則，並要求孩子服從或直接指示孩子該怎麼做。如果想做到「觀察」而非「監視」，父母需要與孩子產生更多互動。若是父母平時鮮少與孩子進行情感交流，只會問他們有沒有寫完補習班的作業或幾點回家等等，孩子很容易覺得父母是在監視他，而非關心他。透過好的「觀察」，父母與孩子之間能夠漸漸建立起連結感，往後即便父母不在孩子身邊，孩子心裡也已經存在「觀察者」的影子，讓他們能夠自我約束、盡力遵守規則。

具有刺激尋求傾向的人很容易受到誘惑。他們有時會希望有人能監督自己，防止自己走上歪路。這也是因為他們的自制力較弱，才會盼著藉由外在的力量，來讓自己變得不同。而這種外在控制遵循的是「社會認可」的規則，如同年幼孩童只會一味遵守像父母等權威較高的成年人所灌輸的規則一樣，這些「正當的」、「合理的」規則只不過是大人們自認的。

為了讓孩子的身心靈健康地成長，必須逐漸將外在控制內化為專屬孩子自身的內在力量，使孩子得以脫離父母，進而獨立，這就是所謂的「內在控制」。當每個人內心的觀察者逐漸成熟，擁有了自己的性格、判斷與價值觀時，就不再只是盲目遵循外在的規則；當身處某些外在壓力而不得不做某事時，我們也會因此感到不舒服，甚至滿腹委屈。像這樣，我們在提供安全感的社會連結中接觸到各種原則規範之後，必須逐漸從中篩選出符合自身價值觀的部分，內化為專屬於自己的內在控制系統。

「不可以拖延。」

「做人必須誠實。」

「誰都不會信任一個半途而廢的人。」

我們看不見內在的原則，有時甚至會因為太過理所當然而下意識將其忽略。但儘管如此，每個人的內心都有內在控制系統，內在控制系統會不斷將自身行為與內在原則做比較，同時，我們也能夠依循內在控制系統中的原則規範，耐下心抵抗誘惑，克服對事物的倦怠感。當我們依照自己的原則行事，就能感到滿足；但若是與自身的原則相互違背，則會因此內疚或自責。這是內在觀察者在警告我們：你的行為與你的內在原則不一致。

如果我們想遵守像是「不要拖延，馬上行動」這類的原則，就要將自己想做的事與內在控制系統連結起來。我們來想一想：假如我想建立閱讀習慣，並設立了一個「每天閱讀二十頁自我成長類的書籍」的新規則，然後照做，就能成功養成閱讀習慣嗎？

人不閱讀，並不會引發社會問題或導致人生失敗，所以哪怕拖延了閱讀這件事，也不會有很大的代價。建立好習慣，不是像獄警看守罪犯一樣，光靠強硬手段、嚴刑鐵律就能做到。「閱讀」這件事通常被社會視為是一種好習慣，然而，若是自己並非真的需要閱讀，無法發自內心地認同閱讀的好處，內在控制系統就會變成「內在獄警」，時時都在管束我們、逼迫我們去閱讀。「因為大家都這麼做，所以我好像也應該要跟著做」，越是以這樣的念頭去規劃自己要做的事，越難依靠內在控制系統來抵抗誘惑，也難以保持對自己的掌控感。

也就是說，「要一步一步踏實地完成手上的任務，不要拖延」這個內在原則，必須與內在控制系統產生既緊密又有意義的連結。我們可以問一問自己：我想成為什麼樣的人？我的時間非常寶貴，我想如何利用它？我做這件事有什麼意義？此刻，我們就是自己的內在觀察者，而不是管束自己的監督者。

如果手邊的計畫只是出於一時好奇開始，與內在成長動機並不相關，那麼你現在就可以果斷放棄，不必再為那些事物承受不必要的情緒與壓力。但如果你從內在聲音中發現自己想做某件事的真正動機與意義，就不要輕率地以「我很懶、我能力不足、我沒時間、我很累」之類的藉口糊弄自己，但也別一味地鞭策自我。你需要的是聰明地發揮自制力，循序漸進地實現那些真正想要的目標。

不過，即使從內在聲音中找到了真正的動機與意義，在行動上仍有可能半途而廢。在我們陷入「乾脆放棄吧」的誘惑時，總會合理化「我不該做這件事」的理由，像是：感覺沒什麼用、反正做了也不會成功、以我的能力怎麼可能做得到等等，這些念頭都在將你拖入「不如放棄算了」的漩渦中。而埋藏於這些說詞背後的懷疑、猶豫與恐懼，都會成為拖延計畫的「正當藉口」。

尤其是當目標與證明自己的能力相關時，我們放棄的速度會更快[12]，因為只要什麼都不做，自己就不會失敗；沒有失敗，表示「我只是不做，不代表我沒有能力」。雖然放棄目標無法證明能力，但卻可以停留在「我有達成這個目標的潛力」的狀態。我們在挑戰新事物時，無法保證一定能夠百分百成功，但若是選擇了拖延與退縮，便可以安然地待在舒適圈裡。

因此，千萬別認為「現在不是最好的時機」而將計畫一拖再拖。我們需要的是抵抗誘惑、發揮自制力，並時常提醒自己：我想成為什麼樣子的人？我需要達成這個目標的理由與意義是什麼？這樣一來，不僅可以繼續堅持下去，還可以讓這份努力創造出更多成果。

探索「樂趣」的更多種可能性

如果想改善因刺激尋求傾向而產生的拖延行為，其關鍵就在於「維持興趣」，我們的內心先要受到吸引，才能持續投入熱情與關注。這裡提及的興趣與樂趣，是比單純的休閒娛樂更深一層的概念。

人類同時具有本能與理性，我們的大腦結構可以證明這一點，本書第2章所提到的雙重歷程理論也是同樣的原理。系統一負責快速、自動反射的本能反應，系統二則負責謹慎、有意識的理性思考，這兩個系統會不斷接發訊號、互相影響。如果我們只追求原始快感及情緒上的滿足，就不會將拖延視為需要被解決的問題。

如果我們所追求的不僅僅是快感，那麼，什麼樣的「樂趣」才能夠啟動我們的內在控制系統呢？

這樣的樂趣可以大致分為三種。第一種是情緒樂趣，比如說快樂、新鮮、喜悅等，類似於我們在剛開始做某事時感受到的正面情緒，也如同剛開始談戀愛時，我們總是心動不已。

第二種是認知樂趣，也就是運用新學到的知識來解決問題，或藉由已知的知識自發地推導出新事物時所感受到的樂趣。使用新學習的技能完成任務，並因此獲得的自信心，也屬於認知上的樂趣，另外，解開謎題時的成就感、閱讀推理小說時猜中兇手的刺激感，也都可以算入其中。

第三種是和他人合作時所感受到的社交樂趣，像是與很多人協力完成一項任務，或如競賽一般相互較量與競爭時所體驗到的滿足感等，即屬於社交樂趣。

綜上所述，除了新的刺激能帶來新鮮感外，還有許多因素可以維持興趣與熱情，包括各式各樣的正面情緒、解決問題的成就感、與人合作互助的滿足感等等。如果可以將「樂趣」的概念與範圍擴大，並因此發現新的樂趣，慢慢地，我們就不必在感受不到樂趣的狀態下還得埋頭鞭策自己，弄得自己悶悶不樂。

世界上有許多有趣的事物，而人類總是能像尋寶一樣，將其挖掘出來。像是人對美的感知及追求、讓人宛如進入新世界的專注力與心流狀態、解釋哲學問題的邏輯思考能力、相互競爭與挑戰、人際交流、幽默感、令人心跳加速的刺激感、在既有事物上不斷完善與創新的興奮滿足、有所成長的喜悅、從熟悉的事物中發現新的樂趣等等[13]，不斷認識自己也是一件充滿快樂的事。你的人生中擁有哪些樂趣呢？

假如你發現，你人生中的許多事總是因樂趣而開始，最終卻也因樂趣而放棄，且這個「樂趣」往往只出自於對新鮮感的心動與興奮。那麼現在就讓我們去發掘更多自己不曾想到過的、更多元的樂趣吧，也就是說，當你感受不到樂趣時，不要拖延手上的計畫，也不要隨意放棄，先試著找找計畫中有沒有可以追求的其他樂趣，這將有助於繼續堅持下去。如此一來，哪怕一開始的新鮮感消失，仍舊可以嘗到目標達成後的甜美滋味，也會因為感受到自己正不斷進步，而心滿意足、自信滿滿。

你還可以換個角度去完成你本已興致缺缺的事。回到之前「下定決心要學好英語會話」的例子，如果我已經對「看影集學會話」這個方式感到厭倦，可以試著參加家裡附近的口說讀書會、報名能夠幫助外國人的志工活動，或選擇即時線上課程，與外語老師一對一練習會話等。

不論採取什麼方法，不斷推進這個計畫或專案才是最重要的。只要在探索各種樂趣的過程中盡可能地善用可接觸到的資源，最終就可以找出最適合自己的方法，並從中發展出更新穎好玩的模式。往後，這些專屬於我們自己的樂趣便能幫助我們保有對任務的熱情，將目標堅持到底。

結語
只有「我」能改變我自己

我們陷入拖延的痛苦時，總會向他人提問：「如果是你，你會怎麼做？」我們也會在網路上搜尋改善拖延的方法，或是閱讀能夠培養自律習慣的書籍。然而，此處有一個「改變上的矛盾」，就是我們雖然希望可以改變拖延習慣，但一旦得到建議，卻又猶豫不決、不想行動。

試著想像一下，你正一邊拖延手上的任務，又一邊苦惱著「還是得去做這件事才行」，這時，有一個人忽然出現，對你說：「不能再拖下去了，馬上開始行動吧。」

你會做何感想？通常，當人感覺到自己被限制，不能做自己想做的事情時，就會格外想強調自己的自由，開始找一些不需要做這件事的理由，甚至對這件事產生抗拒情緒[1]。

研究心理學與行為科學的學者們一直以來都在致力於研究，如何在不引起抗拒情緒的情況下，讓人的意圖與行為達成一致。而這些研究為我們找到了許多卓越的方法，我們也都已經「知道並嘗試」了。但根據過去的經驗，想要改善拖延，我們其實不需要「應該按這樣做、照那樣做」這類的行動建議。

關於這一點，創作長篇奇幻小說《碟形世界》系列，擁有超高人氣的英國小說家泰瑞．普萊契（Terence David John Pratchett）曾這樣說過：

「當我們向別人尋求建議時，並不是真的想得到建議。我們希望的是當我們為自己歸納出解決方法時，能有個人陪在我們身邊。」

正如普萊契所說的，人們往往不是真的需要建議，他們只是希望在自己下定決心、自我對話與尋找方法的過程中，有人能陪在自己身邊。人會尋求建議，其實反映了一個事實：目前的情況對我而言非常不舒服，我想要改變。

因此，這本書並不是一本直接教人如何去做的行動指南，更注重於幫助人們找到「我為什麼會拖延」的答案、理解自己之所以會產生這些情緒與行為的原因。經過這樣的自我探索與對話，才得以專注在長期目標，並找到適合自己的應對方法。

綜上所述，導致我們「拖延」的原因主要有五個：「盲目樂觀」使我們低估了完成目標需要付出的時間與精力；「自我責備」讓我們下意識地貶低自身的能力，導致我們缺乏自信心；「抗拒現狀」讓我們受負面情緒控制；「完美主義」讓我們放不下過高的標準，邁不出行動的第一步；「刺激尋求」傾向使我們因樂趣而不斷挑戰新事物，卻也因為樂趣而總是半途而廢。

請記住，這些特質是有可能同時存在的，一個人可能會因為擁有好幾種特質而拖延。在不同情況下，拖延的原因也可能會有所改變，畢竟人心複雜，世界瞬息萬變，以某一個單一特質來概括所有現象是很困難的。

在我們陷入「做還是不做」的矛盾心態時，即使無法將所有可能的解決方法都試一遍，但我們可以試著邁出一小步，嘗試一些新的可能。當我們猶豫不決、內心有所掙扎，便能將這種矛盾心態往正面積極的變化靠攏。也就是說，我們要在不斷進步又倒退的過程中保持持續向前的步伐，哪怕速度緩慢，改變也終將會發生。例如，人們在徹底成功戒菸前，平均會失敗三到四次[2]，這個數據只是平均數，所以有些人也可能要不斷重複六到七次「開始戒菸，卻又不小心『破戒』」的過程，才能成功戒菸；這也代表每次的嘗試與開始，都是我們更接近成功的一步。

在追求改變的道路上，進步與倒退是很自然的現象，了解自己為何會拖延，並藉此嘗試各種改善方法，從中找到與自身人生目標契合的方式，這才是成功應對拖延的心法。

改變，要由自己創造

改善拖延，並不是一個從無到有的過程：改善拖延，只不過是在喚醒我們內在一直擁有的事物。改變對拖延的想法以及對自我的想法，就能改變行為。既然如此，要如何才能感受到自己正在改變呢？我們可以觀察自己如何「自我對話」（self-talk）。

想要改善拖延習慣的人，總是既嚮往「變化」，卻又抗拒「變化」；渴望擁有新面貌，卻又希望維持現狀。對此，提出「動機式晤談」的心理學家威廉・理查德・米勒（William R. Miller）稱為「改變對話」（Change talk）與「持續對話」（Sustain talk）[2]。這兩種對話句是在自我對話與他人對話時的表現方式，可以參考以下表格：

階段	改變對話	持續對話
願望	我想要減肥。	我想隨時都可以吃我想吃的東西。
計畫的可行性	這樣的飲食控制與運動計畫，我應該可以做得到。看起來剛剛好。	我沒有時間可以運動，而且就算運動了，也很快就會胖回來。
決心與承諾	星期一到星期五嚴格控制飲食，週末可以正常吃飯，但要控制分量；此外，每天都要空出時間來運動。	我已經為了減肥付出太多。做這些就夠了吧。
激發行動力	先努力試試看吧！	今天狀態不好，明天再說。
實踐結果	昨天試著按計畫做了一遍，感覺還不錯。這個方式好像滿適合我的。	什麼飲食控制和運動計畫，我才不管咧。

「改變對話」的階段

在與自我對話時，如果持續對話多，現狀會維持不變；如果改變對話多，行為就會出現變化。當我們陷入矛盾心態，改變對話與持續對話便會在內心相互纏繞混雜。感受到自己是否正在改變的關鍵，便是「意識到」自己是否正以「改變對話的句式」在思考與行動。

「改變對話」的階段就如同上山與下山的過程。一開始，上坡路令人感到辛苦，但隨著改變對話的比重逐漸增加，我們也慢慢登頂，並開始走向輕鬆的下坡路。只要我們多多使用「先試試看」這類能夠啟發行動力的語句，就可以將想法落實為行動。當然，我們在下坡路上可能會滑倒、產生懷疑或感到恐懼，即使如此，也更應該專注於「我正處於改變的過程中」這件事上。

只要有意識地專注在改變對話上，改變就已經開始了。與腦影像相關的研究結果也支持這一點[3]。比如當「喝酒」這件事能帶給某人快感，那麼，在他處於持續對話的模式時，大腦中分泌多巴胺的核心獎勵迴路就會被啟發。此時，多巴胺會刺激他出現喝酒的行為，讓他可以得到快感。也就是說，當我們以持續對話的方式思考並行動，「原始快樂通道」就會被啟發，並讓人自動沉溺於其中。因此，如果我們在自我對話時不主動做點什麼，持續對話會逐漸占領主導權，我們只能維持現狀：原地踏步。

改變對話與獎勵迴路毫不相關，這代表我們本就具備能力，可以有意識地聽見內心變化的聲音。人類並非只會追求原始的快樂，這是一件非常鼓舞人心的事，因為這表示我們能夠因自己的「話語」而改變。改變對話出現得越多，我們越有可能改變行為。即使人是處於戒除成癮性藥物的情況下，也會因為在療程中使用更多改變對話的句式來下定決心與做出承諾，而更有可能成功戒除[4]。

人們在決定是否要改變時，會使用改變對話。這時，調整好頻率相當重要，如此才能在自我對話時意識到改變對話的存在。在你掙扎著要不要拖延之際，先給自己一段安靜的時間，與自己展開對話吧。這樣一來，你就可以瞭解自己為什麼要拖延，你會接納當下的自己，也會更容易地為自己堅持下去。

隨著你逐漸接納自我，專注在改變對話上，內在衝突也將隨之減少。希望你在不斷朝著改變邁進的路上收穫喜悅，哪怕只有細微的變化，那也是出自於你的努力。至此，能與你一同經歷這個過程，寫下這本書的我們也非常高興。改變是由你自己創造的，促成改變的契機正是源於你內心渴望改變的聲音，而你聽見了它。

我們自己，就是我們在苦苦等待的人。
我們自己，就是我們在尋找的改變。

——巴拉克．歐巴馬（Barack Obama）

參考文獻

第 1 章　人為什麼會拖延？

1. Lay C.H. (1987). A modal profile analysis of procrastinators: A search for types. *Personality and Individual Differences*, 8(5), 705-714.
2. 〈習慣：拖延做事的習慣與「負責情感的大腦」有關〉(2018.08.26). BBC NEWS KOREA. https://www.bbc.com/korean/international-45320592
3. Sanchez-Roige, S., Gray. J. C., MacKillop, J., Chen, C. H., & Palmer, A. A.(2018). The genetics of human personality. Genes, *Brain and Behavior*, 17(3), https://doi.org/10.1111/gbb.12439
4. Bauman, Z. (1999). Modern adventures of procrastination. Parallax,5(1), 3-6.
5. Buchanan, L. P. (2019). *A Clinician' Guide to Pathological Ambivalence: How to be on Your Client's Side Without Taking a Side*. TPI Press.
6. Gollwitzer, P. M. (1990). Action phases and mind-sets. In E. T. Higgins & R. M. Sorrentino (Eds), *Handbook of motivation and cognition* (Vol 2, 2, 53-92). The Guildford Press.
7. Pinto-Gouveia, J., Cunha, M. I., & do Céu Salvador, M. (2003). Assessment of social phobia by self-report questionnaires: The social interaction and performance anxiety and avoidance scale and the social phobia safety behaviours scale. *Behavioural and*

Cognitive Psychotherapy*, 31(3), 91-311.
8. 許孝善 (2022).《拖延行為的階段性心理特徵探究：拖延行為五階段量表的開發及階段性調節方案效果驗證》，首爾大學研究生院博士學位論文.
9. Flett, A. L., Haghbin, M. & Pychyl, T. A. (2016). Procrastination and depression from a cognitive perspective: An exploration of the associations among procrastinatory automatic thoughts, rumination, and mindfulness. *Journal of Rational-Emotive Cognitive-Behavior Therapy, 34* (3), 169-186.
10. Moon, S. M., & Illingworth, A. J. (2005) Exploring the dynamic nature of procrastination: A latent growth carve analysis of academic procrastination. *Personality and Individual Differences*, 38(2), 297-309.
11. Miller, W. R. & Rollnick, S.(2002). Motivational interviewing (2nd ed.). Guilford Press.
12. Elliot, A. J., & Covington, M. (2001). Approach and avoidance motivation. *Educational Psychology Review*, 13(2),73-92.
13. Hayes, S. C., & Wilson, K. G. (1994), Acceptance and commitment therapy: Altering the verbal support for experiential avoidance, *The Behavior Analyst, 17*(2), 289-303.
14. Segal, Z. V., Williams, J. M. G., & Teasdale, J. D. (2002), *Mindfulness-based cognitive therapy for depression: A new approach to preventing relapse*, Guilford Press.

第 2 章 **拖延病類型一：盲目樂觀**

1. Alicke, M. D. (1985). Global self-evaluation as determined by the desirability and controllability of trait adjectives. *Journal of Personality and Social Psychology, 49*(6), 1621-1630.
2. Cummins, R. A., & Nistico, H. (2002). Maintaining life satisfaction: The role of positive cognitive bias. *Journal of Happiness Studies: An Interdisciplinary Forum on Subjective Well-Being, 3*(1),37-69.
3. Cutrona, C. E., & Suhr, J. A. (1992). Controllability of stressful events and satisfaction with spouse support behaviors, *Communication Research, 19*(2), 154-174
4. Brown, J.D., & Siegel, J. M. (1988). Attributions for negative life events and depression: The role of perceived cone ol. *Journal of Personality and Social Psychology, 54*(2), 316-322.

5. Smith, T.W., Ruiz, J.M., Cundiff, J. M., Baron, K. G., & Nealey-Moore, J.B. (2013). Optimism and pessimism in social context: An interpersonal perspective on resilience and risk. *Journal of Research Personality, 47*, 553-562.
6. 每日經濟 (2021). Job Korea〈從工作幾年開始才算是「職場專業人士」?〉(2021.11.08).
7. LG 週刊經濟 (2005). 過度自信錯誤（Overconfidence Effect）.(2005.07.08).
8. 丹尼爾・康納曼 (2012). 《快思慢想》(*Thinking, Fast and Slow*).
9. Sigall, H., Kruglanski, A., & Fyock, J. (2000). Wishful thinking and procrastination. *Journal of Social Behavior and Personality, 15* (5),283-296.
10. 吳美英，朴燦彬，高榮健 (2010).《對於積極幻想症候群的分析：「祕密」的祕密》. 論述，13(1)，123-150。
11. Taylor, S. E., & Gollwitzer, P. M. (1995). Effects of mindset on positive illusions. *Journal of Personality and Social Pychology, 69* (2),213-226.
12. Theodorakis, Y., Weinberg, R., Natsis, P. Douma, I., & Kazakas, P. (2000). The effects of motivational versus instructional self-talk on improving motor performance. *The Sport Psychologist, 14*(3), 253-271.
13. Radcliffe, N. M., & Klein, W. M. (2002) Dispositional, unrealistic, and comparative optimism: Differential relations with the knowledge and processing of risk information and beliefs about personal risk. *Personality and Social Psychology Bulletin,28*(6), 836-846.
14. Ericsson,K.A., Roring, R. W. & Nandagopal, K. (2007). Giftedness and evidence for reproducibly superior performance. *High Ability Studies, 18*(1), 3-56.
15. 朝鮮 Biz (2017).〈管理自己：提升大腦能力的3種方法〉每天2小時的專注——「25分鐘工作，5分鐘休息」的循環讓大腦更加集中 (2023.05.21).

第3章　**拖延病類型二：自我責備**

1. Cox, B. J., Clara, I. P. & Enns, M. W.(2009) Self-criticism, maladaptive perfectionism, and depression symptoms in a community sample: A longitudinal test of the mediating effects of person-dependent stressful life events. *Journal of Cognitive*

Psychotherapy,23(4),336-349.

2. Zuroff, D. C. (1992) New directions for cognitive models of depression. *Psychological Inquiry,3*(3),274-277.
3. Gilbert, P. (2009). Introducing compassion-focused therapy. *Advances in psychiatric treatment, 15*(3), 199-208.
4. Lueke, N., & Skeel, R. (2017). The effect of self-criticism on working memory in females following success and failure. *Personality and Individual Differences, 111*, 318-323.https::/doi.org/10.1016/j.paid.2017.02.035
5. 李成敏、金正圭 (2017).《大學生的評價憂慮型完美主義與學業拖延行為關係中迴避——分散型情緒調節方式的中介效應》. 青少年學研究 , 24(8), 83-110.
6. Forrester, J. W. (1961), *Industrial Dynamics*. MIT Press.
7. Lee, H. Padmanabhan, V., & Whang, S. (1997). Information distortion in a supply chain: The bullwhip effect. *Management Science,43*(4): 546-558.
8. Tangney, J. P., Boone, A. L., & Dearling, R. (2005). Forgiving the self: Conceptual issues and empirical findings. In E. L. Worthington Jr. (Ed.), *Handbook of forgiveness* (pp.143-158). New York, NY: Rourledge.
9. Barber, B. K. (1996), Parental psychological control: Revisiting a neglected construct. *Child Development,67*(6), 3296-3319.
10. Ryan, R. M., & Deci, E. L. (2000). Self-determination theory and the facilitation of intrinsic motivation, social development, and well-being. *American Psychologist, 55*(1), 68-78.
11. Lewis, M. (1992). Self-conscious emotions and the development of self. In T. Shapiro & R. N. Emde (Eds.), *Affect: Psychoanalytic perspectives* (pp.45-73).International Universities Press, Inc.
12. Tangney, J.P., & Fischer, K. W. (Eds.). (1995). *Self-conscious emotions: The psychology of shame, guilt, enbarrasment, and pride*. Guilford Press.
13. Nolen-Hoeksema, S. (1991). Responses to depression and their effects on the duration of depressive episodes. *Journal of Abnormal Prychology, 100*(4),569 -582.
14. Higgins, E. T. (1998). Promotion and prevention: Regulatory focus as a motivational principle. *In Advances in experimental social psychology* (Vol. 30, pp. 1-46), Academic Press.
15. Blatt, S. J., & Zuroff, D. C. (1992). Interpersonal relatedness and self-definition: Two prototypes for depression. *Clinical Psychology Review, 12*(5),527-562.

第4章 拖延病類型三：抗拒現狀

1. Ryan, R. M., & Deci, E. L. (2000). Self-determination theory and the facilitation of intrinsic motivation, social development, and well-being. *American Psychologist, 55*(1),68-78.
2. Deci, E. L., Olafsen, A. H., & Ryan, R. M. (2017). Self-determination theory in work organizations: The state of a science. *Annual Review of Organizational Psychology and Organizational Behavior,4*, 19-43. https://doi.org/10.1146/annurev-orgpsych-032516-113108
3. Wallston, K. A., Wallston, B. S., Smith, S., & Dobbins, C. J. (1987). Perceived control and health. *Current Psychological Research and Reviews,6*(1), 5-25.
4. Gladwin, T. E., & Figner, B. (2014). "Hot" cognition and dual systems: Introduction, criticisms, and ways forward. In E. A. Wilhelms, & V. F. Reyna (Eds.), *Neuroeconomics, judgment, and decision making* (pp. 157-180). Psychology Press.
5. W Miskowiak, K., & F Carvalho, A. (2014). 'Hot'cognition in major depressive disorder: A systematic review. *CNS & Neurological Disorders-Drug Targets (Formerly Current Drug Targets-CNS & Neurological Disorders), 13*(10), 1787-1803.
6. Dryden, W. (2012). Dealing with procrastination: The REBT approach and a demonstration session. *Journal of Rational-Emotive & Cognitive-Behavior Therapy, 30*(4), 264-281.
7. Tangney, J.P. (1994). The mixed legacy of the superego: Adaptive and maladaptive aspects of shame and guilt. In J. M. Masling & R. F. Bornstein (Eds.), *Empirical perspectives on object relations theory* (pp. 1-28). American Psychological Association.
8. McCann, J. T. (1988). Passive-aggressive personality disorder: A review. *Journal of Personality Disorders*,2(2), 170-179.
9. 《Money Today》(2016). 三星員工選出的職場惡習是什麼?「不禮貌行為與暴言」.(2016.01.19)
10. Salmela-Aro, K., Tolvanen, A.. & Nurmi, J.-E. (2009). Achievement strategies during university studies predict early career burnout and engagement. *Journal of Vocational Behavior,75*(2), 162-172.
11. Solomon, L. J., & Rothblum, E. D.(1984). Academic Procrastination: Frequency and Cognitive-Behavioral Correlates. *Journal of Counseling Psychology,31*(4), 503-509.
12. Knaus, W. J. (2002). *The procrastination workbook: Your personalized program for breaking free from the patterns that bold you back*. New Harbinger.
13. Clore, G.L., & Storbeck, J.(2006) Affect as information about liking, efficacy, and importance. In J. P. Forgas (Ed.), *Affect in*

social thinking and behavior (pp. 123-141), Psychology Press.

14. Schwarz, N. & Clore G.L. (1996). Feelings and phenomenal experiences. In E.T. Higgins & A. W. Kruglanski (Eds.), *Social psychology: Handbook of basic principles* (pp.433-465). The Guilford Press.
15. Schwarz, N. (2000).Emotion, cognition, and decision making. *Cognition and Emotion, 14*(4), 433-440.
16. Ferrari, J.R. (1991). Compulsive procrastination: Some self-reported characteristics. *Psychological Reports,68*(2),455-458.
17. Spada, M.M., Nikčević, A. V., Moneta, G. B., & Wells, A. (2008). Metacognition, perceived stress, and negative emotion. *Personality and Individual Differences,44*(5),1172-1181.
18. Campbell-Sills, L., Barlow. D. H., Brown. T. A., & Hofmann, S G.(2006). Effects of suppression and acceptance on emotional responses of individuals with anxiery and mood disorders. *Behaviour research and therapy, 44*(9),1251-1263.
19. Gratz. K. L., & Roemer, L. (2004). Multidimensional assessment of emotion regulation and dysregulation: Development, factor structure, and initial validation of the difficulties in emotion regulation scale. *Journal of Psychopathology and Behavioral Assessment,26*(1), 41-54.
20. Gratz, K. L., & Gunderson, J.G. (2006), Preliminary data on an acceptance-based emotion regulation group intervention for deliberate self-harm among women with borderline personality disorder. *Behavior Therapy,37*(1),25-35.
21. McCulliss, D.(2012). Bibliotherapy: Historical and research perspectives. *Journal of Poetry Therapy,25*(1), 23-38.
22. 柳恩英、孫正樂 (2013).《正向心理治療對抑鬱傾向青少年的幸福感、樂觀性、絕望感及抑鬱的影響》. 韓國心理學會誌：健康，18(4), 669-685.

第5章　拖延病類型四：完美主義

1. Freudenberger, H. (1974). Staff burnout. *Journal of Social Issues,30*, 159-165. http://dx.doi.org/10.1111/j.1540-4560.1974.tb00706.x
2. Flett, G. L., & Hewitt, P. L.(2006). Positive versus negative perfectionism in psychopathology: A comment on Slade and Owen's dual process model. *Behavior Modification,30*(4), 472-495.

3. Gaudreau, P.(2012). A methodological note on the interactive and main effects of dualistic personality dimensions: An example using the 2 x 2 model of perfectionism, *Personality and Individual Diferences,52*(1)26-31.
4. Gaudreau,P., & Thompson, A. (2010), Testing 2X2 medel of dispositional perfectionism, *Personality and Individual Differences, 48*(5),532-537.
5. Flett, G. L., Blankstein, K.R., Hewitt, P. L., & Koledin, S. (1992), Components of perfectionism and procrastination in college students. *Social Behavior and Personality: An International Journal,20*(2),85-94.
6. Hamachek, D. E.(1978). Psychodynamics of normal and neurotic perfectionism. Psychology, 15(1), 27-33.
7. Missildine, W. H. (1963). Perfectionism-If you must strive to "do better." In W. H. Missildine (Ed), *Your inner child of the past* (pp.75-90). New York: Pocket Books.
8. Flett, G. L., Hewitt, P. L., Oliver, J. M., & Macdonald, S. (2002). Perfectionism in children and their parents: A developmental analysis. In G. L. Flett & P. L. Hewitt (Eds.), *Perfectionism: Theory, research, and treatment* (pp.89-132). American Psychological Association.
9. Burhans, K. K., & Dweck, C. S.(1995). Helplessness in early childhood: The role of contingent worth. *Child Deselopment,66*(6), 1719-1738.
10. Flett, G. L., Hewitt, P, L., & Singer, A. (1995). Perfectionism and parental authority styles. *Individual Psychology: Journal of Adlerian Theory Research & Practice,51*(1), 50-60.
11. Burka, J. B., & Yuen, L. M.(1983). *Procrastination: Why you do it and what to do about it.* Reading, PA: Addison-Wesley.
12. Ferrari, J.R.(1991). Procrastination and project creation: Choosing easy, nondianostic items to avoid self-relevant information. *Journal of Social Behavior and Personality,6*(3), 619-628.
13. Lamia, M.(2017). *What motivates getting things done: Procrastination, emotions, and success.* Rowman & Littlefield.
14. Smith, M. M., Sherry, S. B., Saklofske, D. H., & Mushqaush, A. R. (2017). Clarifying the perfectionism-procrastination relationship using a 7-day, 14-occasion daily diary study. *Personality And Individual Differences,* 112,117-123. http://dx.doi.org/10.1016/j.paid 2017.02.059
15. Higgins, E. T. (1987). Self-discrepancy. A theory relating self and affect. *Psychological Review,94*(3), 319-340.
16. Miller, W. R., & Rollnick, S.(2012), *Motivational interviewing Helping people change*. Guilford press.
17. Higgins, E. T. (1998). Promotion and prevention: Regulatory focus as a motivational principle. *In Advances in experimental social*

psychology (Vol. 30, pp.1-46). Academic Press.
18. Freitas, A. L., & Higgins, E. T. (2002). Enjoying goal-directed action: The role of regulatory fit. *Psychological science, 13*(1), 1-6.
19. Flett, G. L., Hewitt, P. L., Davis, R. A., & Sherry, S. B.(2004). Description and Counseling of the Perfectionistic Procrastinator. In H. C. Schouwenburg, C. H. Lay, T.A. Pychyl, & J. R. Ferrari (Eds.), *Counseling the procrastinator in academic settings* (pp.181-194). American Psychological Association.

第6章 拖延病類型五：刺激尋求

1. 《朝鮮日報》(2017).〈立志一日，原來是人類 4000 年的習慣 (2017.01.02).
2. Cloninger, C. R., Przybeck, T. R., Svrakic, D. M., & Wetzel, R. D.(1994). *The Temperament and Character Inventory (TCI): a guide to its development and use.* Missouri: Washington University.
3. Zuckerman, M. (1979). *Sensation seeking: Beyond the optimal level of arousal.* Hillsdale, NJ: Erlbaum.
4. Zuckerman, M.(2007). *Sensation seeking and risky behavior*. Washington, DC: American Psychological Association.
5. 李宣路，盧翁哲 (2006).《用戶特性對在線遊戲忠誠度影響的研究：以刺激追求傾向為中心》. 經營學研究，35(4), 1105-1130.
6. 河明愛 (2020).《英語低成就大學生的堅毅特質與英語學習動機探討》. 大韓英語英文學，46(1), 237-264.
7. Oyama, S. C. (1979). The concept of the sensitive period in developmental studies. *Merrill-Palmer Quarterly,25*(2),83-103.
8. Jonnson, J.S., & Newpert, E, L. (1989). Critical period effects in second language learning: The influence of maturational state on the acquisition of English as a second language. *Cognitive Psychology,21*(1), 60-99.
9. Lepper, M. R., & Greene, D.(1975). Turning play into work: Effects of adult surveillance and extrinsic rewards on children's intrinsic motivation. *Journal of Personality and Social Prychology,31*(3),479-486.

10. Robbins, S. P.(2005). Organizational behavior. Upper Saddle River, NJ: Pearson Prentice Hall.
11. Hirschi, T (1969). *Causes of delinquency*. Berkeley, CA: University of California Press.
12. Grant, H., & Dweck, C. S. (2003), Clarifying achievement goals and their impact. *Journal of Personality and Social Psychology, 85*(3),541-553.
13. Bastardi, A., & Shafir, E. (1998). On the pursuit and misuse of useless information. *Journal of Personality and Social Psychology,75*(1), 19-32

結語　只有「我」能改變我自己

1. Dillard, J.P., & Shen, L.(2005). On the nature of reactance and its role in persuasive health communication. *Communication monographs, 72*(2), 144-168.
2. Miller, W.R., & Rollnick, S. (2012), Motivational interviewing. *Helping people change*. Guilford press.
3. Feldstein Ewing, S. W., Filbey, F. M., Sabbineni, A., Chandler, L. D., & Hutchison, K. E. (2011). How psychosocial alcohol interventions work: A preliminary look at what fMRI can tell us. *Alcoholism: Clinical and Experimental Research,35*(4),643-651.
4. Amrhein, P. C., Miller, W. R., Yahne, C. E., Calmer, M., & Fulcher, L. (2003). Client commitment language during motivational interviewing predicts drug use outcomes. *Journal of Consulting and Clinical Psychology,71*(5),862-878.

心靈漫步

卡住你的不是懶惰，是情緒

跟著韓國最強心理研究團隊找到自己的拖延分類圖，
和你的恐懼與焦慮和解，每一件事都能順利完成！

2025年3月初版 定價：新臺幣360元
2025年10月初版第五刷

著者	李東龜
	孫何林
	金書瑛
	李娜熙
	吳玹周
譯者	幕生
叢書主編	林映華
總編輯	陳永芬
校對	鄭碧君
內文排版	綠貝殼
封面設計	職日設計

出版者	聯經出版事業股份有限公司
地址	新北市汐止區大同路一段369號1樓
叢書主編電話	(02)86925588轉5306
台北聯經書房	台北市新生南路三段94號
電話	(02)23620308
郵政劃撥帳戶第	0100559-3號
郵撥電話	(02)23620308
印刷者	文聯彩色製版印刷有限公司
總經銷	聯合發行股份有限公司
發行所	新北市新店區寶橋路235巷6弄6號2樓
電話	(02)29178022

編務總監	陳逸華
副總經理	王聰威
總經理	陳芝宇
社長	羅國俊
發行人	林載爵

行政院新聞局出版事業登記證局版臺業字第0130號

本書如有缺頁，破損，倒裝請寄回台北聯經書房更換。 ISBN 978-957-08- 7619-2 (平裝)
聯經網址：www.linkingbooks.com.tw
電子信箱：linking@udngroup.com

國家圖書館出版品預行編目資料

卡住你的不是懶惰，是情緒：跟著韓國最強心理研究團隊找到自己的拖延分類圖，和你的恐懼與焦慮和解，每一件事都能順利完成！/李東龜、孫何林、金書瑛、李娜熙、吳玹周著．幕生譯．初版．新北市．聯經．2025年3月．224面．14.8×21公分（心靈漫步）
譯自：나는 왜 꾸물거릴까? ：미루는 습관을 타파하는 성향별 맞춤 심리학
ISBN 978-957-08-7619-2（平裝）
[2025年10月初版第五刷]

1.CST：自我實現 2.CST：生活指導 3.CST：成功法

177.2 114001678